ESPÍRITO DE DRAGÃO
Organize sua vida e aumente suas chances de sucesso

Ron Rubin
&
Stuart Avery Gold

© 2005 by Tecmedd

Do original *Dragon spirit: how to self-market your dream*
© 2003 by Ron Rubin e Stuart Avery Gold

É proibida a reprodução total ou parcial. Os infratores serão
processados na forma da lei.

PRODUÇÃO EDITORIAL
Equipe Novo Conceito

TRADUÇÃO
Luciana di Tota Boni

EDITORAÇÃO
Dreampix Comunicação

PROJETO GRÁFICO E CAPA
Dreampix Comunicação

Dados Internacionais de Catalogação na Publicação (CIP)
(Câmara Brasileira do Livro, SP, Brasil)

Rubin, Ron, 1949- .
    Espírito de dragão : organize sua vida e aumente suas chances de sucesso / Ron Rubin e Stuart Avery Gold ; [tradução Luciana di Tota Boni]. – São Paulo : Editora Novo Conceito, 2005.

Título original: Dragon spirit : how to self-market your dream.

ISBN 85-99276-02-6

1. Administração de empresas 2. Eficiência administrativa 3. Empreendimentos 4. Empresários 5. Marketing 6. Planejamento estratégico 7. Sucesso em negócios I. Gold, Stuart Avery. II. Título.

05-2691   CDD-658.4012

Índices para catálogo sistemático:
1. Empreendimento : Planejamento : Administração de empresas 658.4012

2005
Direitos exclusivos para a língua portuguesa cedidos à Tecmedd.

Av. General Júlio Marcondes Salgado, 106
CEP 01201-020 São Paulo - SP
tel: 55 (11) 3512-5500
sac@editoranovoconceito.com.br
www.tecmedd.com

Aos *zen-empreendedores* do mundo todo,
na esperança de que algumas palavras
preservem as cores dos seus sonhos.

*Se você ignorar o dragão, ele o devorará.
Se tentar enfrentar o dragão, ele o derrotará.
Se montar no dragão, conseguirá tirar vantagem de sua força e de seu poder.*

[Provérbio chinês]

| SUMÁRIO

Capítulo 1: O sonho 9
Colocando a chaleira no fogo: o sonho em infusão

Capítulo 2: Paixão 23
Pinte a sua paixão: qual é a cor dela?

Capítulo 3: Perseverança 35
Sobrevivendo à confusão: reine e brilhe

Capítulo 4: Fé 41
A palavra "fé": use-a ou deixe-a

Capítulo 5: Individualidade 47
Quando jogar, jogue para vencer

Capítulo 6: O boca a boca 67
Toque o gongo: comece um bochicho

Capítulo 7: Previdência 81
Um olho para um ser: faça da sua visão a sua missão

Capítulo 8: Conhecimento 89
Estrela d'alva: acenda a luz

Capítulo 9: Fazer o bem 105
Tome partido: seja cuidadoso

Capítulo 10: Persiga a sua felicidade 113
Uma idéia tem asas: deixe-a voar

Capítulo 11: Prepare-se 121
Comece bem: cuide-se

Capítulo 12: A jornada 137
E alguns seguem o arco-íris

Epílogo: Uma tarefa simples 141

Agradecimentos 149

Sobre os autores 153

O SONHO

Zuomeng

*A mudança é um dragão:
monte-o e provoque transformações.*

[PROVÉRBIO CHINÊS]

1 | COLOCANDO A CHALEIRA NO FOGO: O SONHO EM INFUSÃO

Este livro levou cinco mil anos para ser escrito.

Tudo começou num momento na história, em 2737 a.C., quando, numa manhã de terça-feira, o imperador chinês Shen Nong descobriu que colocar folhas de chá em água quente e bebê-las aos poucos era muito bom. A mente se purifica, o espírito se eleva e os pensamentos se concentram. Passe por mais alguns imperadores. Junte um punhado de dinastias. Misture o crescimento do Budismo e do Taoísmo, alguns exploradores portugueses, a rainha Catarina da Inglaterra, o aumento dos impostos, a festa do chá no porto de Boston e, então, avance até 1992, quando nasceu o sonho instigante de fazer uma revolução do chá, e aqui estamos nós.

A The Republic of Tea é uma empresa californiana progressista e socialmente consciente, cuja história e filosofia chegaram de maneira mágica aos leitores por meio de dois *best-sellers* e de diversos artigos em jornais e revistas. De qualquer forma, como faremos muitas referências à empresa ao longo do livro, faremos agora uma espécie de pausa, para que o leitor conheça uma ou duas das "alegrias" que já foram documentadas em outros livros. A primeira delas é:

Não é apenas o chá.

Bem, é e não é.

Verdade seja dita: a The Republic of Tea, além de vender as mais excêntricas ervas e chás em todo o mundo, também oferece como parte de sua linha de produtos, muitas outras coisas boas: chás saudáveis de ervas, uma variedade de chás gelados engarrafados, geléias de chá, mel de chá, xícaras e bules de chá e mais uma porção de produtos relacionados a essa bebida que você pode conhecer por meio de nosso catálogo, pelo nosso site e em mais de 20 mil lojas especializadas, restaurantes e cafés dos Estados Unidos. Mas sinceramente, verdade seja dita, não é apenas o chá — não totalmente — é também o sonho.

O sonho de fazer uma "revolução do chá", inserindo em nossa cultura uma nova e importante cerimônia do chá, baseada na incrível e rica história dessa bebiba, nas novas descobertas científicas e nas crescentes tendências de levar uma vida mais saudável e feliz. Você consegue imaginar um sonho mais palpável e positivo que esse?

Não importa. A idéia nos pegou e tornamo-nos estruturadores de sonhos.

Utilizando nossa criatividade, nossa habilidade, nosso conhecimento e uma paixão pelo possível, fizemos do nosso sonho um sucesso. Um sonho de apresentar uma nova maneira de vender uma das mais antigas mercadorias do mundo e, dessa maneira, oferecer uma filosofia nova e bem-vinda que catalisaria uma mudança positiva e fundamental em todos os que passam pela nossa terra imaginária.

As pessoas fazem uma jornada e mudam para uma vida de "pequenos goles" — uma vida de saúde, equilíbrio e bem-estar. Cada visita inclui um gole de chá aromático, quente e saboroso que permite que os clientes recuperem e incorporem em suas vidas um caminho que conduz a um futuro pleno e longo. A The Republic of Tea é um veículo que nos permite entrar em contato com a beleza e a maravilha de nossa vida, e nos conduz a uma jornada de muitas xícaras de chá, produzindo uma mensagem que transcende ao capturar a imaginação e inspirar muita gente a mergulhar num estilo de vida mais pacífico e prazeroso.

Ao reservar um tempo para tomar chá, você marca um encontro especial consigo mesmo. Ao diminuir o ritmo para beber a vida em pequenos goles, percebe uma clareza de propósitos e a exuberância do dom da vida. Ao vender chá, estamos, indiretamente, vendendo consciência. Na verdade, somos apenas os vendedores dessa consciência: é o chá que expandirá sua mente para uma nova realidade, se você assim permitir.

Quando vivemos com entusiasmo um sonho específico, percebemos que ele é uma espécie de assinatura espiritual, uma força de vida maior que nós e que age através de nós, acordando a alma, dando ritmo ao coração e espaço para mudar e crescer.

Para nós, os autores, a The Republic of Tea é um sonho que se tornou realidade; mais que isso, é uma empresa, e, mais ainda, uma experiência significativa que milhões de pessoas — e cada vez mais — querem compartilhar. Esse é o segredo do lugar dela no mundo. Enquanto um produto satisfaz uma necessidade, uma experiência realiza um desejo. O seu, o meu, o deles. E já que o que virá neste livro é um convite para ir em direção à luz, saiba que no coração da The Republic of Tea há um lema que deve ser a força vital essencial a qualquer sonho de uma empresa que materialize a sua alma e almeje o sucesso: ao construir uma empresa, o cliente não é alguém que compra sua idéia, produto ou serviço... O cliente é alguém que se torna parte da empresa.

É bom você se lembrar dessa última frase porque, ao vender seu sonho, esse será um dos dogmas em que é importante prestar atenção.

Seguida por este: em qualquer negócio que inicie, é você quem deve assumir a responsabilidade de fazê-lo crescer. O mantra de qualquer empreendimento é alcançar o sucesso. E para isso, é necessário enfrentar a realidade econômica, cujo princípio é de que a empresa deve render lucro. E para que esse lucro aumente, de maneira que a empresa sobreviva e cresça, é essencial refletir sobre as necessidades e os desejos dos clientes, ou seja, ter um foco inicial nos clientes, envolvê-los num diálogo pessoal e conectá-los ao seu produto ou serviço de forma profunda.

Dito isso, saiba que a única maneira de conseguir esse sucesso é ir além do cinismo do marketing de massa, esquecer as dificuldades do vendedor e transcender até que você se torne o cliente. Ao deixar de lado o vício do marketing e abandonar a linguagem de vendas, você verá o negócio pelo lado das necessidades do cliente, e não das suas. E se não aceitar isso, não vamos lamentar quando você falhar. Enquanto as maiores companhias dos Estados Unidos estão em pânico, gastando zilhões para tentar formular as mais perfeitas estratégias de marketing psicológico, nós, da The Republic of Tea, personificamos as palavras de Lao-Tsé:

— A maneira de fazer é ser.

Como *zen-empreendedores*, somos guiados pelos eternos ventos da sabedoria, que nos sussurram os grandes ensinamentos do livro mais antigo do mundo, o clássico chinês *I Ching*: "Olhe para outra pessoa como olharia para si mesmo". Que simples. Ao projetarmos para fora, viajamos para dentro, atingindo a realidade máxima de deixar entrar o que está no coração e na mente dos outros. Ao deixar de lado o objetivo inexorável da participação de mercado, provocamos o processo orgânico de compartilhar pensamentos e, dessa forma, atingimos uma consciência coletiva em que a filosofia de vida dos *zen-empreendedores* incorpora a filosofia dos negócios.

E isso é importante? Muito.

Talvez seja a coisa mais importante a ser assimilada neste momento — o final feliz, tão importante que nos fará quebrar todas as regras literárias e entregá-lo agora mesmo, nas primeiras páginas deste livro, a fim de que você o conheça antes de darmos a partida.

Preparado? Anote, por favor: enquanto os empreendedores tomam conta de uma idéia, os zen-empreendedores deixam que uma idéia tome conta deles.

Pronto. Essa é a grande verdade que queremos ensinar. E se memorizar esse ensinamento e armar-se com ele antes de qualquer outra coisa, os deuses vão sorrir para você.

Sempre.

Saiba que não é a mente que possui a idéia, mas a idéia que possui a mente. Uma vez que uma idéia toma conta de você, também toma conta de seus sonhos e desejos. Impulsionada por um poderoso potencial, ela vai virá-lo de pernas para o ar e permear o seu ser de maneira elétrica, empolgante e inspiradora. Mudará drasticamente suas necessidades e desejos. Livre de qualquer gravidade mental, você será guiado somente pelo objetivo de vivenciar sua própria liberdade e felicidade, que surgem de viver a vida que sempre sonhou. Grandes maravilhas começarão a acontecer.

Nada apresenta de forma mais clara o que este livro oferece: uma filosofia prática para superar o desafio de abrir uma empresa, com a adoção de novas maneiras de ver, pensar, sentir e fazer. Você será estimulado a ir além da consciência comum, a libertar seu verdadeiro potencial, a identificar seus propósitos de trabalho e a fortalecer seus talentos únicos, seus dons especiais e suas habilidades adquiridas. Como *zen-empreendedores,* somos todos *long de chuan ren,* que em português significa "descendentes do dragão espiritual" — símbolos de percepção, espiritualidade, criatividade, vitalidade e vontade. Os *zen-empreendedores,* assim como os dragões, têm o poder de realizar inúmeras mudanças e transformações. E, como esperamos que os leitores de nosso outro livro — *Success at life: how to catch and live your dream* [*Sucesso na vida: como conquistar e viver seu sonho*] — tenham entendido, a vida é um diálogo contínuo com a mudança. E para os *zen-empreendedores,* as mudanças são tão comuns quanto a beleza de uma flor. Isso ainda é e sempre será verdade.

Entenda uma coisa: por possuírem o glorioso poder da mudança, os *zen-empreendedores* percebem que são um só com seus sonhos e com sua natureza — sua força criativa e espiritual. Quando seguem sua natureza, seguem seu *Te* — ou caminho natural —, sua alma, talento, dons, paixão, poder e a compreensão profunda de quem são e de como gostariam de ser.

Os *zen-empreendedores* são guiados pelo coração e vão pelo caminho que devem seguir, que os leva à vida que lhes foi predestinada. Quando você vive de acordo com os desígnios de seu caminho verdadeiro, é possível responder à mudança de forma natural, sem resistência ou hesitação. Seguir o caminho de pouca resistência é o resultado de viajar pelo caminho escolhido com objetivo, auto-estima, confiança, disciplina e entusiasmo — voar com o dragão —, o que o conduzirá à realização de seus sonhos com facilidade. Os antigos chineses acreditavam que, se você leva vida e energia ao seu dragão espiritual, ou ao seu ser superior, cria uma mudança que leva vida e energia a tudo, permitindo que o espírito expansivo do dragão leve a ótimas e infinitas possibilidades.

Seu sonho.

Seu destino.

Há uma lição aqui. Duas, na verdade. A primeira é: tanto nos negócios como na vida, precisamos de todos os bons conselhos que pudermos obter. E a segunda: os bons conselhos estão sempre à mão, desde que estejamos dipostos a ouvi-los.

Por exemplo: como ministros da The Republic of Tea, Ron e eu passamos alguns dias, várias vezes por ano, andando como malucos pelas nebulosas montanhas verdes de províncias famosas pela produção de chá, procurando e experimentando chás raros e exóticos. Esses chás premiados são produto de um cultivo especializado e de um tempo de cultivo perfeito, e possuem características singulares variadas como as dos melhores vinhos. São descobertas extraordinárias e emocionantes porque não são cultivadas em massa, mas em pequenas propriedades, geralmente por uma única família.

Durante uma dessas jornadas pela província chinesa de Fujian, uma balsa de bambu nos levou através de desfiladeiros e curvas do *Jiuqu Xi* ou Rio das Nove Curvas — uma experiência fantástica. A beleza perfeita e o silêncio da paisagem eram de tirar o fôlego e em pouco tempo nós realmente não conseguíamos respirar, depois de

O SONHO

horas de caminhada rumo ao topo das legendárias montanhas Wuyi, em busca do raro Yancha, ou "chá do penhasco", também conhecido como "chá colhido pelo macaco". Ele é chamado de chá do macaco porque dizem que apenas os símios mais ágeis conseguem realizar a difícil tarefa de colher as folhas nas altitudes onde crescem. Não sei dizer se é uma lenda ou não, afinal, há muita coisa que não sei. De uma coisa, porém, tenho certeza: não me lembro de jamais ter estado tão atento e concentrado a respeito de onde punha o meu pé como naquele dia em que Ron e eu tentávamos chegar àquele pico. E então, finalmente — e com triunfo — completamos a escalada; e logo depois estávamos a caminho do nosso destino glorioso.

Shangri-lá.

Se você estivesse conosco quando chegamos lá, poderia pensar que estava participando de uma pegadinha.

Muito cansado e confuso com aquele momento, estaria curioso para saber se esse era o clímax da nossa caminhada e se perguntaria: estamos no endereço certo ou erramos o caminho? Mas nessa parte do mundo não há endereços. E por uma boa razão: quem precisa de endereço quando sua casa é a mesma há mais de quinhentos anos? A casa tem sido a residência de muitas gerações da família Lee durante todos esses anos, e você precisa entender o que significam quinhentos anos. Nada, pois a região acaba de completar seu 2.200º aniversário, competindo com Alexandria, no Egito, e com Roma, na Itália. Se dissesse que era apenas uma casinha suja e malcuidada, teríamos de concordar com você. Se dissesse que percorremos um caminho árduo para chegarmos ali, seríamos obrigados a concordar mais uma vez. E se disséssemos que a vista panorâmica da casa não tinha comparação com vista nenhuma em lugar algum do mundo, você concordaria conosco.

E não duvide da nossa empolgação quando nosso guia nos levou pela trilha que levava à humilde choupana, porque tínhamos uma pista quente de que ali encontraríamos a família que era a fonte terrena para o celestialmente famoso e apreciado chá Yancha.

Os membros da família Lee não eram muito jovens — já estavam marcados pelo tempo. O mais velho de todos era o sr. Lee, que estava na casa dos oitenta, mas nem ele sabia sua idade ao certo. A sra. Lee era mais nova que o marido, mas não muito. E o filho deles, com a pele curtida e sem alguns dentes, era parecido com os pais; eu diria que ele tinha mais ou menos sessenta anos. Baixos e franzinos, mas com os rostos curtidos pelo tempo e cheios de personalidade e muito sorridentes, a família Lee era um grupo de pessoas bonitas. Não tinham muitas coisas, mas ao ver o brilho nos olhos deles percebíamos que estávamos entre pessoas felizes. Há um provérbio chinês que diz que "um coração em paz dá vida ao corpo". A verdade mágica desse provérbio reforça a harmonia e a tranqüilidade exibidas pela família Lee.

Durante a apresentação, todos fizemos cumprimentos respeitosos e desejamos coisas boas.

O Departamento de Estado deveria fazer o mesmo.

Olhando em volta, imaginamos que os trabalhadores deviam estar fora, mas estávamos errados: eles eram os trabalhadores. A família Lee passava todos os momentos do dia usando sua habilidade e seu infindável conhecimento para cultivar e cuidar do divino e magnífico arbusto de *Camellia sinensis*. O cultivo desse chá era o trabalho deles e o objetivo deles, assim como o de seus ancestrais, estavam totalmente imbuídos desse espírito.

O sr. Lee era das montanhas, mas sua voz era do céu. Era alta e suave como uma nuvem e, mesmo que entendêssemos o seu dialeto, seria necessário fazer um esforço para ouvi-lo nos convidando para a paz de espírito e comunhão de almas que surgem ao compartilhar um bule de chá.

Enquanto os japoneses têm um ritual formal demorado para a profundidade interior representada na cerimônia de preparar e servir o chá aos seus convidados, os chineses simplesmente não têm pressa de bebê-lo; sabem que o sabor espiritual do chá está no interior de todo ser humano. Ao segurar uma chaleira em suas mãos e provar sua serenidade natural, é possível saborear a paz da natureza. Logo o chá toma conta de você e vice-versa; rendendo-se a essa sensação, é possível atingir uma leveza indescritível e tornar-se um com o todo, atingindo uma iluminação que lhe permite experimentar cada detalhe da vida: é como o respirar da própria terra.

Das muitas coisas que podem ser ditas sobre o chá, a melhor é que ele cria "a mente do chá".

A mente do chá é o maior dos mistérios; não há mão que consiga pintá-la ou voz que consiga descrevê-la. É o estático na atividade, a atividade no estático, a fonte de todas as possibilidades, o lugar onde as boas perguntas e as idéias inteligentes esperam para nascer. É um estado natural, que só pode ser compreendido com a experiência de beber o chá perfeito. Ao sorver a grande dádiva das folhas com o sr. Lee, a mente do chá surgiu bem depressa. Assim como as boas perguntas.

A princípio, ele perguntou, com humildade, sobre nossa empresa; depois ficou bastante interessado em nossas famílias. Uma questão levava à outra. Logo ele estava perguntando muitas coisas com naturalidade, e parecia querer saber, especialmente, sobre os Estados Unidos. Disse que já tinha visto uma fotografia de Nova York e imaginava como seria viver em um lugar como aquele. Ser bombardeado com perguntas de todo o tipo por uma mente tão antiga, curiosa e ativa é uma ótima sensação. E acredite, bombardear é a palavra mais correta porque, mesmo sendo idoso e tendo uma voz que mais parecia um sussurro, a mente do sr. Lee era realmente afiada: junto com suas perguntas veio uma combinação de opiniões e brilhantismo que nos impressionou. Não importava se as costas dele doíam, se o pescoço o incomodava ou se as pernas estavam dormentes, ele continuava perguntando — não descansou enquanto ainda havia algo que quisesse saber.

Até que levantou seu dedo muito magro.
E pediu desculpas.
Por fazer tantas perguntas. Perguntou se nos importávamos e, obviamente, dissemos que não. Quem se importaria, sabendo que estava na presença de um sábio praticante da arte do saber? E apesar de pensarmos que ele era um sábio, tivemos certeza disso quando disse, em uma voz mais baixa e vagarosa, uma frase que ainda hoje ecoa na minha mente:

"Apenas a busca pelo conhecimento leva à sabedoria da humildade".

E quando me lembro do sr. Lee, o que acontece com certa freqüência, me lembro do poder dessas palavras e me mantenho fiel à verdade delas. A lógica inegável disso tudo é: apenas aqueles que sabem que não têm conhecimento podem se tornar sábios. O conselho dele lhe proporciona— assim como seu dragão espiritual — um vôo de transcendência e auto-expansão, permitindo uma jornada em espiral ascendente para a criação de um sonho que incorpore o poder, a paixão e todos os dons que você pode e deve transmitir ao mundo. Reconheça que trabalho e vida são aventuras entrelaçadas, guiadas pelo coração, elevadas pelo espírito e alimentadas pela alma. Voltando a algo que já foi dito, um *zen-empreendedor* é isto: alguém que deseja viver uma vida na qual fazer é o mesmo que ser.

Enquanto Ron e eu continuamos com nossa odisséia de liberar possibilidades e crescimento, pedimos que utilize estas páginas como um passaporte para a satisfação, um guia para uma transformação interna e externa que lhe ajude a descobrir segredos para vender o seu sonho. Como *zen-empreendedores* experientes, damos alguns conselhos, retirados da sabedoria antiga e de filosofias atemporais, juntamente com idéias e observações que tivemos e adotamos a partir da nossa experiência e da experiência de outras pessoas. Você vai desfrutar de um caminho de iluminação e calma que desmistificará as alegrias e os terrores de vender sonhos que materializem sua alma e lhe correspondam às realidades do mercado.

Temos certeza de que este livro ajudará você a se manter no caminho certo — evitando as dúvidas, os dilemas, os obstáculos trazidos pela confusão e pela insatisfação, e o pânico total que nos espera em cada esquina e que também faz parte do caminho para o sucesso. Oferecemos humildemente estes contos para encorajar, inspirar, entusiasmar ou simplificar a profundidade dos conselhos dados para a jornada que todos devemos percorrer ao construir o trabalho de uma vida inteira. Saiba que sempre que alguém encontra seu próprio caminho cimenta o caminho para os outros. Dito isso, este é um bom momento para reforçarmos nosso pedido: lembre-se mais uma vez, por favor, que os bons conselhos estão sempre à mão, desde que estejamos dispostos a ouvi-los.

Esperamos que haja alguns aqui para você.

— *Stuart Avery Gold*

PAIXÃO

REQING

*Tudo o que é ótimo e colorido
se deve ao dragão.*

2 | PINTE A SUA PAIXÃO: QUAL É A COR DELA?

"A culpa é da MTV!"
A voz é da minha mãe. E enquanto começamos a estudar para escrever este livro, volto no tempo por alguns segundos e, de repente, ali está ela, sentada no sofá, atenta à televisão.
"A culpa é da MTV e de todos esses videogames."
Sempre rápida em suas opiniões, solicitadas ou não, minha mãe maravilhosa estava conversando com um repórter, que — claro — não estava por perto, e sim na tela, fazendo uma reportagem sobre a queda na atenção das pessoas no país. E sabe de uma coisa? Hoje, pensando nisso, parece-me que essa pérola de sabedoria da minha mãe era verdadeira naquela época e o é ainda mais hoje em dia.
Estudos recentes concluíram que uma geração inteira de americanos tem sido moldada de acordo com uma série de fatores culturais e sociais: uma tempestade ofuscante de mídia veloz, sons intermitentes, imagens entrecortadas na MTV, jogos eletrônicos espetaculares, discos rígidos iluminados, CD-ROMs maravilhosos, modems, redes sem fio (*wireless*)... um pouco de tudo. Qualquer pessoa que esteja lendo isso, tendo ou não parado para pensar sobre o assunto, teve sua mente afetada por esse novo centro tecnológico sem precedentes que ronda nossa cultura. Embora tenhamos transformado o mundo com essas tecnologias, não podemos cometer o erro de esquecer como essas tecnologias nos transformaram.
Tudo é rápido. O mundo está mudando na velocidade da luz. As pessoas estão diminuindo o tempo de realização de qualquer

tarefa porque nada é rápido o suficiente. Esqueça-se disso e você correrá perigo. Infelizmente, a impaciência domina.

O que significa isso?

Simples: o tempo é precioso. Ninguém no planeta está interessado no que você pensa que eles precisam ouvir ou ver. Gostariam de viver num mundo onde não precisassem encontrar com você. E, nas poucas chances que você tem de atrair a atenção de uma outra pessoa por tempo suficiente para fazer parte da vida dela, é bom estar preparado para surpreender e mostrar quem você é e tem direito de ser.

Se não estiver apaixonado pela sua idéia, produto ou serviço, se não estiver preparado para surpreender as pessoas com seu entusiasmo, sua energia e seu dinamismo, se não causar deslumbramento ou não encantar a platéia com sua exuberância e se não estiver absolutamente pronto para surpreender o mundo civilizado com maravilhas impressionantes, saiba que aqueles que estiverem prestando atenção em você certamente vão bocejar.

Esse é o pesadelo de todos aqueles que sonham todas as noites com glória e sucesso.

Felizmente para todos os envolvidos, os *zen-empreendedores* irradiam convicção e visão, exteriorizando uma força sem igual, que energiza e impulsiona.

Ao viver uma vida de paixão e objetivos, os *zen-empreendedores* apresentam uma imagem positiva de espiritualidade, vontade e otimismo, uma crença em si mesmos que transmite uma qualidade mágica e significativa que pode fazer as coisas acontecerem para eles e para outras pessoas.

A paixão dos *zen-empreendedores* por fazer o trabalho que amam e por viver a vida que sonharam cria clareza e poder, uma chama brilhante que atrai as pessoas até a origem desses sentimentos. Sendo um *zen-empreendedor,* as pessoas com quem tiver contato certamente vão se interessar em saber quem você é e o que faz. Sentindo-se enganados com sua explicação, vão querer saber mais, porque os humanos sempre querem chegar perto do fogo. Seu compromisso consigo mesmo e com seu sonho vai entusiasmar e acender a chama nos outros ao mostrar, para quem quiser ver, que você escolheu inflamar seu coração com sua alma. Essa profunda conexão entre o coração e a alma é chamada, em chinês, de *wang tao*. Em português, chama-se felicidade.

E saiba uma coisa sobre a felicidade: ela não precisa de um motivo. Está em nosso DNA, dentro de cada um de nós — é a maior dinâmica da vida. A felicidade é parte do nosso *li* — nossa composição orgânica, o equilíbrio entre espírito e energia que, quando conquistada, forma uma espiral que se projeta para fora e ajuda a fazer o mundo girar. Ao descobrir e se engajar em sua paixão, dons naturais, talentos e habilidades e conhecer os segredos do marketing do seu sonho, você irá abrir a porta para uma fonte inesgotável de alegria, tanto em sua vida profissional como pessoal. Para viver uma vida feliz, você só precisa tomar uma decisão consciente sobre o futuro e sobre as maravilhas que espera criar, percebendo que, enquanto muita gente comete o grave erro de esperar pela felicidade, ela está sempre aqui, procurando por nós.

É simples assim.

Se você acreditar nisso, é possível que consiga melhorar a condição humana; mas também pode ser que não consiga. Mas irá melhorar a sua situação. E não há nada de errado em resolver a sua vida. Porque para cultivar seu poder pessoal e vender seu sonho, você tem de tomar conta de sua vida e reacordar a verdade interior de quem você é e o que pode fazer.

Você deve prestar atenção quando reestabelecer um relacionamento com seu dragão espiritual, a entidade brilhante que espera para acender sua chama interna, libertando sua paixão pelo trabalho e uma energia ilimitada para viver uma vida excitante e cheia de satisfação que reflita seus sonhos e desejos. E tem mais: é necessário validar e afirmar a crença infinita em seu potencial de sucesso, apesar das dificuldades e das dúvidas alheias.

Só mais uma coisa: APAREÇA!

Pelo amor de Deus, não faça apenas uma pequena aparição no seu trabalho ou na sua vida. Em cada dia, mostre-se completamente, com dedicação, paixão, compromisso, poder, intensidade e volume.

Sim, volume.

Viva sua vida em alto e bom som! Viva todos os dias em um volume mais alto do que possa imaginar. Importe-se desesperadamente com tudo aquilo que faz seu coração bater mais forte e com o que reverbera dentro de sua mente e de sua alma. Aprofunde sua autonomia aproveitando a qualidade de sua vida, gastando seu tempo e sua energia em qualquer coisa que mexa com você. Mantenha-se de pé, com uma determinação crescente, e motive-se sempre para viver seu sonho.

Em outras palavras, dê o melhor de si!

Queremos persuadir, estimular e convencer você a ir além de seus limites quando perseguir sua paixão. A tornar-se um velocista. Lembre-se agora e sempre que a felicidade na vida e no trabalho está ali, totalmente acessível, uma espécie de direito nato a ser reivindicado. É essa percepção que fará com que não seja uma dessas boas pessoas que passam a vida toda olhando pela janela, vendo as coisas passarem ao longe. Uma das certezas que deve ter é que somente você pode criar seu futuro, por meio de suas ações e atitudes. Esperamos que essa verdade reluzente permaneça sempre em sua memória e, para darmos alguma perspectiva histórica a este livro, precisamos mencionar que Aristóteles, que passou muito mais tempo que a maioria de nós pensando na condição humana, concluiu que a felicidade depende apenas de nós mesmos.

Agora, neste momento de relaxamento e leitura, Ron e eu faremos perguntas óbvias: você já reinvindicou o seu direito de ser feliz? Está trabalhando em algo que ama? Está vivendo seu sonho? E se não estiver fazendo nada disso, qual é o motivo?

Espere; não responda. Ainda não. Respire bem fundo e pense em tudo que o assombra. É possível que já estejam ecoando algumas desculpas na sua cabeça: não tenho tempo suficiente, dinheiro suficiente, proteção suficiente, fé suficiente, ajuda suficiente, conhecimento suficiente, apoio emocional suficiente...

Nossa!

Livre-se dessas crenças nocivas. É tudo besteira. O único *suficiente* a que deve-se apegar é ao desejo de possuir vontade, intensidade e poder suficientes para aceitar mudanças. Afinal, a felicidade na sua vida e no seu trabalho dependem do quanto você é flexível e de como reage às incertezas diárias. Ao vivenciar o presente, o *zen-empreendedor* deixa de lado o lá e o depois, e vive o aqui e o agora.

Os segredos para vender o seu sonho revelam-se quando você se identifica como parte do processo. Por nunca temer as incertezas, o *zen-empreendedor* aplica o paradoxo da certeza, sabendo que nada é fixo no tempo ou no espaço. A cuidadosa observação da natureza nos ensina que tudo na nossa existência beira a perpetuação— ao sol segue-se a lua, ao outono segue-se o inverno, à criação segue-se a destruição —, cada aspecto do universo é uma confluência de movimento e mudança. É inerente a todas as coisas e nada escapa desse processo. Cada segundo, cada minuto, cada hora, cada pedaço da existência está em fluxo contínuo. A única coisa que não muda nunca é a própria mudança. É a única coisa realmente contínua.

Um antigo *koan** Zen conta a história de um monge que pediu a seu mestre que fosse bondoso e lhe mostrasse o caminho. O mestre disse:

— Você está vendo o céu através das árvores?

— Sim, vejo — respondeu o monge.

— Esse é o caminho — replicou o mestre.

Os *zen-empreendedores* nunca tentam fazer com que o universo se ajuste a eles; preparam-se para se ajustar ao universo, pois têm

---

* Sentença ou pergunta de caráter enigmático e paradoxal usado para meditar. Tem o objetivo de afastar o raciocínio lógico da mente, levando o praticante a uma iluminação intuitiva. (N. de R.)

o dom de fazer com que o universo seja um parceiro, acolhendo com prazer as oportunidades que resultam da mudança contínua. Eles percebem que a mudança existe.

Vamos mudar de assunto por um instante. Ron e eu freqüentemente recebemos convites para falar em palestras sobre nossas filosofias e idéias *zen-empreendedoras* sobre o que é preciso para ser um entusiasta, um perseverante apaixonado, e sobre como perseguir possibilidades positivas e ter o espírito do sucesso sempre a seu lado. Em um seminário recente, um rapaz muito ativo e esperto, sentado no fundo da sala, nos fez uma pergunta pensando que poderia nos desafiar com um enigma *koan* Zen humorístico criado por ele mesmo:

— Quantos *zen-empreendedores* são necessários para trocar uma lâmpada?

Ao que respondemos, rapidamente e sem pensar muito:

— Nenhum. O universo gira a lâmpada enquanto o *zen-empreendedor* fica na dele.

O importante a perceber é que o universo conspira a nosso favor e está do nosso lado; aceite isso sem hesitar. É o convite que recebemos para fazer parte do infinito. Quando o *zen-empreendedor* segue o caminho da natureza, é possível corresponder às mudanças. Quando o *zen-empreendedor* entende os desígnios da natureza, é possível corresponder às oportunidades. E é a oportunidade que torna nossas vidas vibrantes, esplêndidas e maravilhosas. Cada fim é um novo começo. Quando você inspira, as possibilidades infinitas do universo entram em seu corpo. Quando expira, a energia representada pelo dragão espiritual brada. A inspiração cuida da expiração, e esta cuida de si mesma. Essa não é uma respiração comum — é o abrir e fechar que os mestres chamam de mudança. A mudança é o elixir da vida. É um fato simples: a felicidade é nossa quando respondemos e nos adaptamos com entusiasmo às mudanças que surgem.

Não se esqueça desse pensamento.

É muito importante que você entenda isto: sejam mudanças no trabalho ou na vida, não há diferença. Nenhuma. A verdade incontestável é que a mudança é uma concentração de energia que o universo recicla constantemente, nos permitindo o aparecimento de possibilidades ilimitadas. Milhares de anos atrás, Chuang Tzu disse: "Siga o fluxo das coisas e você se tornará parte da misteriosa unidade do universo". Uma grande verdade. E temos de mergulhar de cabeça nisto: no processo de vender o seu sonho, é a sua reação à mudança que determinará seu sucesso ou seu fracasso.

Os antigos aconselhavam-nos a nos tornarmos seres humanos melhores ao sermos como bambus e lidarmos com os acontecimentos diretamente e nos adaptarmos às mudanças com segurança, quando necessário. Enquanto a árvore mais forte pode ser arrancada e derrubada por uma tempestade, o bambu sobrevive a condições adversas, curvando-se e rendendo-se aos ventos fortes. Mesmo sob pressão, o bambu move-se com graça e tranqüilidade de acordo com as circunstâncias, mantendo o tempo todo sua força passiva inata. A elasticidade do bambu pode ser espelhada na mente do *zen-empreendedor*: receba as mudanças súbitas na vida e no trabalho com disposição, vitalidade e flexibilidade. A flexibilidade supera as dificuldades. Receba as mudanças, cumprimente-as, misture-as a elas, molde-as, evolua com elas, misture-se a elas... Torne-se um só com elas. Seja a mudança que deseja ser. Seja a pessoa que nasceu para ser.

E queremos acrescentar isto:

Os mais sábios *zen-empreendedores* sabem que as conquistas mais significativas e recompensadoras são o resultado de não se prender ao mundo que conhecem.

Em outras palavras, não viva num mundo muito pequeno.

Em um planeta cheio de coisas sem importância, faça com que as coisas que você faz e as que quer fazer sejam a atração principal. Faça o que puder para tornar a sua vida uma obra animadora e radiante para você e para todos com quem você convive.

Inspire paixão. Expire paixão.

Como um *zen-empreendedor*, você é um artista do prazer. As tintas e os pincéis são sua vida e seu trabalho, o retrato interno que refleta a mais completa expressão de sua essência. É preciso banir o bege e as cores fracas de sua vida, pintando sua paixão — o retrato de sua vida — apenas com cores primárias brilhantes. Mais uma vez, crie empolgação e vivacidade para tudo que fizer — seja uma idéia, um projeto, um plano, um produto ou um serviço.

Levante-se!

Destaque-se!

Prepare-se para fazer a diferença ao colorir os outros com o seu entusiasmo — deixe-os estarrecidos, maravilhados e surpresos; faça com que seu mantra seja afetar um outro ser humano. Seja um artista. Se cada esforço seu for uma obra de arte, saiba que nem os deuses poderiam fazer melhor.

Mantenha isto sempre em mente: todos queremos acreditar em alguma coisa, em alguém. Somos, na maioria, otimistas desesperados, esperando a lua aparecer por trás das nuvens, ansiando para que maravilhas se revelem na nossa frente. De que outra forma os futuros antropólogos poderão explicar a popularidade do Capitão Kirk, personagem de *Jornada nas estrelas*?

A verdade é uma só: a maioria das pessoas leva uma vida estagnada, seus sentidos estão mortos e adormecidos. Vivem existências sem graça enquanto as histórias de suas vidas se desenrolam. Ficam paradas, desesperadas, no escuro, esperando que as luzes se acendam ou que alguém apareça num passe de mágica para salvá-las. Ao demonstrar sua paixão e viver o seu sonho, você se tornará um exemplo para todos que entrarem em contato com você. Seu entusiasmo é contagioso, e partilhá-lo cria uma energia boa e positiva, o chamado *chi*, que trará força e sorte para você e para os outros.

Isso é viver a vida que você imagina. Ao controlar sua paixão e se dedicar a ser otimista, a energia que emana será a mesma que recebe, permitindo que sua vida seja mais satisfatória e encantadora. Com isso em mente, aqui vai um conselho crucial para este momento, em que você está começando a vender seu sonho: quando fizer isso — e sempre — dê o melhor de si.

E venda a si mesmo.
Venda tudo de si.
Saiba que você pode fazer diferença.
Saiba que você pode *ser* a diferença.
Comprometa-se.
Entusiasme-se.
Seja habilidoso.
Seja disciplinado.
Seja dedicado.
Seja digno.
Seja brilhante.
Seja humilde.
Seja vibrante e vigoroso.
Seja corajoso e calmo.
Seja valente e ousado.
Seja confiável e honesto.
Seja alegre e otimista.
Seja culto e qualificado.
Seja positivo e determinado.
Seja inspirado e inspirador.
Seja compreensivo e gentil.
Não seja nem contra nem a favor.
Como regra principal, admire os outros, mas não seja superior a ninguém.
De verdade.
Use uma combinação de sua mente e de seu talento e fascine da melhor maneira possível. Se a capacidade de brilhar é estranha a você, incorpore-a e tente usá-la, caso pretenda viver sua vida e seu trabalho de maneira interessante. Pinte a sua paixão para que outros acreditem nela. Viva a sua paixão para poder ter sucesso.

Será que você consegue? Vai fazer isso?

Sim e sim.

No final vai perceber que, se pode fazer alguma coisa bem, pode fazer tudo bem.

PERSEVERANÇA

JIANYI

*A grandeza de um dragão não
é avaliada por sua força,
mas sim por sua perseverança.*

3 | SOBREVIVENDO À CONFUSÃO: REINE E BRILHE

Agora faremos as previsões do seu marketing pessoal. Uma em que você pode acreditar com toda certeza é: Não espere que seja fácil.

A decisão de vender o seu sonho vai cobri-lo de nuvens de confusão, ameaçá-lo com perturbações e quase afogá-lo numa tempestade de dúvidas. Saiba agora que sobreviver a desapontamentos, frustrações e obstáculos não o deixará ileso, e não é — repito, não é — para pessoas com recursos mentais e emocionais frágeis. Para lidar com os obstáculos e desafios de vender seu sonho é necessário ter habilidade para trabalhar de dentro para fora de todas as maneiras, vivendo cada dia com uma consciência catalizada por paciência, persistência e perseverança. Garantimos que, mesmo que suas intenções sejam ótimas, suas ambições sinceras e suas idéias excepcionais, se você não tiver uma estabilidade resoluta e uma determinação intencional, irá ficar preso a limitações inexistentes e medos infundados. Condenado por sua própria inércia, vai acabar desistindo, abandonando a mais rica experiência que se pode ter e remoendo-se com os freqüentes ecos de *se* e *talvez*, fantasmas que sempre nos perseguem.

Isso não é uma coisa boa.

Por isso, seria bom que ouvisse este conselho tão importante que nunca é demais dizê-lo: é necessário um compromisso extremo para manifestar a sua visão. Mais que qualquer habilidade ou talento específicos, vender um sonho requer priorizar certos aspectos de pensamento e atitude. A adaptabilidade do pensamento e da atitude irá permitir a superação de obstáculos aparentemente instransponíveis, e ver as adversidades e os fracassos apenas como obstáculos temporários ao sucesso. Seja irracional. Agarre-se a uma tenacidade que os outros podem considerar uma crença sem sentido, até que as coisas fiquem boas de novo. A perseverança permite que o momento certo se aproxime. Por favor, compreenda que a adaptabilidade não é uma característica que apenas poucas pessoas afortunadas possuem, mas sim o dom de todos que estejam abertos à inspiração, ao desejo e ao trabalho árduo.

Ser um *zen-empreendedor* é entender a principal lição dada por Charles Darwin no livro *A origem das espécies*. Muitas vezes interpretado de maneira errônea, como se tivesse escrito sobre a sobrevivência do mais forte, na realidade sua teoria é baseada na "sobrevivência do mais adaptável". O verdadeiro *zen-empreendedor* acredita que a força positiva de uma atitude flexível é a fonte de energia disponível mais poderosa, permitindo a adaptação às circunstâncias e a atenção àquilo que pode ser controlado: seus pensamentos, suas emoções, os momentos intermináveis de dúvida, a integridade que lhe dá forças para agir, se superar e obter sucesso. Uma idéia muito boa exige isso. E também que você esteja sempre preparado para lidar com incertezas. E que saiba que sempre existirá uma solução. Compreenda: os *zen-empreendedores* nunca desistem de seus objetivos. Têm certeza de que encontrarão uma maneira de alcançá-los. Compreenda também que todos os produtos ou serviços bem-sucedidos começaram com alguém que teve uma idéia e uma enorme capacidade de passa-lá adiante apesar da terrível tempestade de perturbações.

A perseverança é um esforço contínuo.

É também o processo de estar apaixonado pelo que quer fazer, e não apaixonado pela *idéia* daquilo que quer fazer. Essa confusão é a responsável pela desistência de muitos que se rendem, sem esperança, às pressões do desencorajamento. Freqüentemente, muitos desistem porque acreditam que seus objetivos eram inatingíveis, sem entender que é o processo, e não o produto ou serviço,

PERSEVERANÇA

que leva à conquista. Em outras palavras, não é a idéia que constrói a ação, mas a ação que constrói a idéia.

Pessoas bem-sucedidas entusiasmam-se com a experiência contínua do processo, o que alimenta sua determinação e sua perseverança, que os impulsiona a agir. Amar o que você faz cria uma intensidade compulsiva e uma profusão que pode superar todos aqueles pensamentos prejudiciais de rejeição, incerteza e auto-piedade, pensamentos que, se você permitir, podem impedi-lo de agir. Ou pior, podem fazer com que se afaste de seu propósito. Ou pior ainda: fazer você desistir e se entregar às dificuldades. A diferença entre o sucesso e o fracasso é a diferença entre uma poderosa vontade e uma poderosa indiferença. A perseverança produz progresso. Busque conforto em Gandhi, que disse que a alegria está na luta.

A perseverança é o prazer da busca.

É a vontade de encarar o medo e o cinismo com a mente aberta, compreendendo que o sucesso virá quando você tratar cada dia do processo como um momento de aprendizado, e não de ganho. A perseverança é o exercício usado para analisar cada passo dado, um guia para melhorar o processo a partir de uma nova visão e uma vontade intrépida. É uma maneira de olhar para o que precisa ser olhado. É, numa visão simples, fazer você e sua empresa 1% melhor de cem maneiras diferentes.

Resumindo, é a coragem para continuar após descobrir os riscos, as dificuldades e o medo do fracasso. Perseverar é difícil, mas é a marca registrada do sucesso. Aqueles que foram bem-sucedidos em qualquer empreendimento têm uma característica comum: o dom de possuir um espírito forte. Achamos que falar isto nunca é demais, e por isso vamos repetir várias e várias vezes durante este livro: a característica essencial necessária para ter sucesso ao vender seu sonho é, no final das contas, um dom.

É o pensamento que conta.

FÉ

信心

XINXIN

*Aqueles que conseguem
ver um dragão são os que
acreditam que podem.*

4 | A PALAVRA "FÉ": USE-A OU DEIXE-A

É simples. O sucesso de um *zen-epreendedor* na venda de um sonho depende de criar o momento, de ter paixão e perseverança para continuar caminhando e, é claro, um *zen-empreendedor* precisa de uma quantidade um pouco maior que a normal de inteligência, flexibilidade, criatividade, comprometimento, tenacidade e muitas outras coisas, mas tudo pode ser resumido em só uma palavra:

Fé.

Não aquele tipo de fé das igrejas (se bem que, se Deus lhe deu o dom de ser um *zen-empreendedor*, seria bom sentar num banco de igreja para agradecer de vez em quando). Não. Estamos falando sobre o tipo de fé que está gravado no seu coração e na sua mente. A fé voraz no seu sonho, na sua visão, no seu talento e na sua capacidade de realização e de obter sucesso. A fé é o compromisso sincero de construir um espírito indomável e uma vontade determinada, que lhe permita solidificar sua determinação de ser bem-sucedido. Quando a sombra da dúvida pairar sobre você e a irritação lutar para derrubar seu equilíbrio, a autoconfiança será muito importante. A confiança e a convicção devem se tornar parte de todas as suas ações e pensamentos. Você deve ser capaz de se manter firme contra obstáculos inesperados, mudanças injustas e grandes derrotas. A fé é uma atitude, um reservatório de vivacidade, automotivação, ambição, treinamento, persistência e foco. Nunca se esqueça de que a fé em si mesmo é o maior poder que você tem; é a mina de ouro dos *zen-empreendedores*.

Os sábios mestres diziam que, para possuir a verdadeira fé em si mesmo, era preciso ter a força, a sabedoria e a coragem de dez dragões. Esse é um pensamento magnífico. Com fé, você adquire a habilidade de resistir às circunstâncias mais complicadas. Com fé, você obtém o encanto, a certeza e a confiança de um ser humano infinitamente superior, alinhando sua mente, seu corpo e seu espírito ao seu Eu superior. Com fé, você conquista o poder para libertar um potencial abundante para expressar seus propósitos e dar o melhor de si. Dito isso, no espírito de imparcialidade e sinceridade, embora haja muito a ganhar com a fé, também há muito a perder.

Isso não é ruim.

Fique feliz em saber que, com fé, você deixará de lado a ansiedade, a culpa e a preocupação com o que não pode controlar. Com fé, perderá seu ceticismo e o medo do fracasso. Com fé, deixará de lado as distorções negativas, impostas por você mesmo, de que é incapaz de remodelar a si mesmo e à sua vida.

Ao afirmar a fé em si mesmo, em sua idéia, conceito, produto ou empresa, será possível girar o que os antigos budistas chamavam de Roda da Vida, na qual a interdependência das coisas perpetua o movimento da roda e o impulsiona com mais agressividade e persistência. Suas habilidades, conquistas e potenciais irão reduzir a nada os obstáculos, as dúvidas e os elementos negativos que o esperam no caminho à sua frente.

Mas você precisa acreditar nisso. Precisa acordar todas as manhãs com a certeza de que manter a fé é muito importante para vender o seu sonho. Quer saber por quê? Uma dica rápida:

Existem monstros lá fora.

Assassinos de sonhos. Demolidores de carreiras. Destruidores de felicidade. Sugadores de sucesso. Criaturas horríveis, impiedosas e cruéis que espalham um pesadelo nocivo e angustiante de negatividade e ruína. Pessimistas que vão te olhar esquisito e dizer coisas difíceis e terríveis como:

— É uma idéia idiota.
— É impossível fazer isso.
— Você não vai conseguir.
— Melhor nem tentar.

E, francamente, não dá para entender por que são assim. Queremos que você faça uma coisa: afaste-se deles o mais rápido possível.

Esses pessimistas de plantão tomarão conta de você rapidamente caso não se distancie deles, porque eles o tirarão de seu caminho, sugar sua energia, devastar suas ambições e destruir seu espírito. Manter-se na companhia dessas pessoas é correr o risco de ter seu entusiasmo dissipado e, pior ainda, de ter seu sonho querido sufocado até a morte. Você precisa deixá-los de lado, presos neles mesmos. A negatividade deles não é um problema seu; não permita que se torne seu, pois será mais fácil eles o derrubarem do que você levantá-los.

Os próximos parágrafos são somente para você, então por favor preste muita atenção.

Você precisa ficar grudado como chiclete a pessoas com uma mente semelhante à sua — pessoas de boa vontade, que lhe darão apoio ao invés de desanimá-lo quando as coisas estiverem ruins. Assim como pássaros de um mesmo bando voam juntos, as pessoas que têm fé se unem e, se tiver sorte (nunca se esqueça de que você tem sorte), poderá se unir a pessoas de atitudes positivas, que ficam felizes por você ser uma pessoa única e por querer evoluir na vida. Eles podem ser o seu Yoda e ajudá-lo a manter a fé em sua idéia, em quem você é, no que é capaz de conquistar e no destino que irá moldar.

Quando diz respeito à venda do seu sonho, temos de realçar a importância de uma pessoa que o apóie no início de sua caminhada. Porque a fé também pode aparecer na forma de um amigo, um gigante em cujos ombros você pode subir. Alguém que pode ajudá-lo a enxergar além do horizonte com uma vitalidade plena, onde as possibilidades podem se tornar probabilidades. Alguém como você, que mesmo debaixo do céu mais escuro, consegue enxergar, com um otimismo infindável, um dia ensolarado. Isso é importante porque o verdadeiro teste para os *zen-empreendedores* é deixar sua crença livre. Então trate aqueles que acreditam em você com uma bondade infinita. Porque em meio aos desafios diários e às dificuldades que envolvem a venda do seu sonho, quanto vale uma amizade?

É você quem decide...

INDIVIDUALIDADE

個性

Gexing

*A ascensão de um dragão
aos céus é algo maravilhoso
e incomparável.*

5 | QUANDO JOGAR, JOGUE PARA VENCER

Fazer milagre? Nada disso.
Apenas vá até a Terra Santa, alcance o topo da montanha de dedos cruzados, peça um favor ao Arbusto Ardente. Ou, ainda mais impossível, reúna toda a sua energia, talento, habilidade e experiência, bata em muitas portas, esperando que quem quer que as abra apaixone-se miraculosamente pelo que você oferece. Nos dois casos, recomendo que se lembre de onde parou o carro. Porque a rejeição é a regra. E enquanto você lambe suas feridas desesperado, buscando conforto na autopiedade, uma coisa fica bem clara:

Você não está pronto.

Ah, nós sabemos que você é um profissional encantador e vencedor e, provavelmente, cheiroso e com uma aparência atraente e charmosa. Mas o que há de novo, diferente e tão especial, em você, sua idéia, produto, serviço ou negócio, que poderá iluminar o mundo? O que há em sua "caixa de Pandora" que, quando aberta, surpreenderá?

Já que tocamos nesse assunto, explique por que aquilo que tem a oferecer não tem nada a ver com os produtos comuns que encontramos no mercado supercompetitivo de hoje? É sério, pare alguns minutos e reflita. De que maneira aquilo que você faz ou diz vai além das expectativas e cria uma mágica emocional que é capaz de impedir os que prestam atenção em você de roncarem enquanto você fala?

Pense, amigo *zen-empreendedor*.
Pense muito.

Faça-nos um favor e grave isso em sua mente. Vamos esperar por você algumas linhas abaixo, sabendo que, se tiver dado uma resposta honesta, ela será clara e óbvia:

Eu não estava pronto.

Pelo menos é o que achamos.

Estamos falando que, melhor do que passar o tempo imaginando o que *poderia acontecer* como resultado de seus esforços, é imaginar o que *você pode fazer acontecer* como resultado deles. Ao integrar seu foco a seus propósitos, você pode direcionar a energia necessária à ação. Ao unir persistência e determinação, é possível fazer a transição entre idéia e realidade.

Você precisa acreditar que tudo e todos têm suas possibilidades singulares. Não importa se o que tem a oferecer não é uma novidade que vai abalar o mundo. Também não importa se o que apresenta tem a incrível capacidade de transformar a vida das pessoas ou é tudo que pediu a Deus. Não importa. O importante é que, já que decidiu entrar no jogo e jogar, você precisa fazer isso com ambição e intenção de vencer, mostrando por que aquilo que está vendendo é tão — que rufem os tambores, por favor — D-I-F-E-R-E-N-T-E.

Aqui está um exemplo, do tempo em que, na Republic of Tea, começamos a pensar na possibilidade de lançar nossa excepcional linha de chás engarrafados variados, quando os mamutes ainda habitavam o planeta. Era uma época em que as grandes empresas de bebida estavam enchendo garrafas descartáveis com uma mistura adocicada e sem gosto, feita em laboratório e empurrando-a sem piedade a milhões de pessoas como refrescante e boa para a saúde. Para Ron e eu, isso era uma enorme tristeza. Ali estava um tesouro do mundo — a magnífica xícara de humanidade que começou como remédio, tornou-se uma bebida, teve valor como moeda, ajudou a estabelecer a ordem social e tem sido a pedra fundamental de serenidade, paz e vida civilizada nos últimos cinco milênios.

Sua história foi escrita e gravada, deixando como testamento uma síntese cultural que representa a vanguarda da existência hu-

INDIVIDUALIDADE |

mana: grandes ideais, religião, moralidade, estética, filosofia, disciplina e interação social. O chá era a bebida preferida no mundo, mas, infelizmente, sua mágica e sua vivacidade foram destruídas e diminuídas até ele se tornar uma bebida terrível, produzida e colorida artificialmente. Ignorando a sabedoria incontestável do *Tao Te Ching*, que aconselha transformar as pequenas coisas em grandes, uma grande coisa estava sendo reduzida a um insignificante nada, e vendida às massas por aqueles que apenas ocasionalmente se importavam com a qualidade. A humanidade fez coisas piores, mas isso era tão terrível que nos atingiu sensivelmente e perfurou nosso coração. Algo precisava ser feito.

Então, começamos.

Inspirado pelo crescente sucesso da nossa revolução do chá, Ron declarou que, como vendedores dos chás mais finos do mundo, era nossa responsabilidade apresentar aos homens, mulheres e crianças de todas as partes uma bebida engarrafada que tivesse o espírito, a arte e os ideais do verdadeiro chá. Seria uma missão complicada; teria de haver uma insaciável busca pela perfeição e novas fronteiras teriam de ser cruzadas. Seria um trabalho enorme, que levaria muito tempo, persistência e um profundo compromisso com os nossos propósitos, mas não importava. Aceitamos nosso trabalho com seriedade.

Muita seriedade.

Como disse Victor Hugo: "Pode-se resistir à invasão de exércitos, mas não à invasão de idéias". Quanto mais Ron e eu conversávamos sobre a possibilidade de criar uma bebida engarrafada que elevasse o chá ao seu lugar ideal, ao lado dos vinhos finos, mais queríamos gritar nossa empolgação para o mundo.

Porque o chá é como o vinho. De uma única planta, *Camellia sinensis*, vêm diferentes chás; da espécie *Vitis vinifera* vêm praticamente todos os vinhos do mundo. O mesmo que acontece com as uvas acontece com as folhas do chá. As duas coisas seguem em paralelo. Ambas são obras-primas da arte agrícola, um produto

do cultivo — as diferenças sutis de solo, altitude, clima, luz do sol, chuva, seca e mudanças de temperatura de uma safra para outra afetam as características da folha do chá e da uva. Enquanto o vinho intoxica, o chá anima. E encanta.
E seduz a mente.
Vai jantar fora? Peça uma garrafa de chá, não de vinho. Enquanto trabalhávamos duro, pensávamos nas muitas possibilidades que nossa idéia nos revelava. *Chajins*, mestres do chá, ficariam nos restaurantes mais elegantes, oferecendo refrescantes sabores de chá para serem degustados com a comida, sugerindo as glórias do chá de corpo suave ou encorpado, dando conselhos sobre qual deles combina mais com o risoto, com a carne ou com frutos do mar. A idéia de introduzirem um país que bebe em grandes goles a extraordinária experiência de provar uma bebida consistente e balanceada, que clareia a mente e o paladar, refresca e encanta a boca e complementa comidas requintadas da melhor maneira possível nos deixou empolgados, imaginando sommeliers vestidos com smokings colocando óleo em seus saca-rolhas para impedir a ferrugem.

A imagem tem de ficar clara. Não queríamos criar mais um chá gelado. Queríamos ser criadores de uma categoria inteiramente nova. Um fenômeno. Criar uma embalagem que chamasse a atenção e provocasse impacto. Proporcionar uma magnífica e surpreendente experiência para aqueles que o provassem. Dar vida a um maravilhoso tipo de chá gelado que aceleraria o coração daqueles que o tomassem. Seríamos uma incrível tempestade de revolucionários evolucionistas. Queríamos encantar, surpreender, abalar, chocar, assustar, fazer de tudo e mostrar ao mundo que o que estávamos prestes a lançar era algo ousado e muuuuuuuuito DIFERENTE.

Erasmo de Roterdam disse que "a sorte favorece os audaciosos". Com isso em mente, prendam a respiração, amigos... apresentamos a clareza e a beleza dos primeiros chás gelados 100% naturais engarrafados e sem adição de açúcar!

Sim, seria algo emocionante, e, meu Deus, era, sem dúvida nenhuma, um enorme e imensurável risco que vinha sempre acompanhado do pensamento de que podíamos estar nos metendo numa terrível calamidade financeira. Ainda assim, como *zen-empreendedores*, sabíamos que o caminho verdadeiro é sempre cheio de desafios e riscos. Mas temos de enfrentá-los.

De qualquer forma, por mais maravilhoso que fosse o conceito, era possível colocá-lo em prática? Poderíamos criar algo assim?

Ou pior.

E se depois de tanto esforço e tantos gastos, ninguém desse a menor importância? Ou, muito pior, e se em um dia de sol acordássemos e descobríssemos, chocados, que absolutamente ninguém dava a mínima?

Poderíamos estar falando de fracasso engarrafado.

Mas chega de suspense. O que você precisa saber é que a primeira crítica saiu no jornal *Arizona Daily Star*, e era mais ou menos assim:

> Sua respiração e as batidas do seu coração se aceleram de ansiedade. O garçom está tirando a rolha da garrafa curvilínea, colocando um pouco do precioso líquido em um copo. Ele vira o copo e lhe entrega para que você sinta a fragrância. Ah, um cheiro de amoras. Depois disso, o sabor. Não poderia haver um chá mais fino. Chá? Querido, onde você esteve? A The Republic of Tea começou a distribuir chás fermentados em garrafas para os bons restaurantes. Um pouco caro, talvez, mas vale a pena.

Com o tempo, recebemos mais elogios como esse. Recebemos ótimas críticas da revista *Food & Wine* e *Cuisine*, dos jornais *San Francisco Chronicle*, *The New York Times* e *Chicago Tribune*, e dos programas de televisão *Good Morning America* na CNN e muitos outros, e críticas ainda melhores depois que nossos chás receberam o *Clear Choice Award,* de Melhor Design de Embalagem e Melhor Nova Bebida do Ano. A idéia não é ficarmos nos gabando, entediando-os com as histórias do nosso sucesso. A idéia, pode acreditar, é muito importante e por esse motivo precisa ser mencionada novamente:

Qualquer que seja seu talento, sua idéia, seu produto, sua empresa ou seu serviço, o que quer que você tenha ou venda, é preciso que assuma o compromisso de maravilhar as pessoas de uma maneira nova, mostrando ao mundo que você é, de algum jeito, D-I-F-E-R-E-N-T-E.

Absolutamente diferente.

Um aparte pessoal:

Eu não assisto muito à televisão. Programas de qualidade são cada vez mais raros, e não acho que hoje haja muita coisa boa para se ver. Mas quando me sento e pego o controle remoto, assim como um número enorme de telespectadores, sempre procuro um programa culinário nos canais da TV a cabo. Uma confissão embaraçosa, mas preciso dizer que sou viciado na competição do popular programa *Iron Chef.* Se me perguntar se eu tenho preferência pelo molho de um determinado *chef* ou sobre o estilo de outro, devo admitir que sim. Também admito adorar o programa de um deles: Emeril Lagasse, que será usado como um exemplo importante para você.

Há alguns anos, o então desconhecido Emeril Lagasse era um nômade, que andava invisível na sua cozinha em Nova Orleans. Mas isso foi no passado. Agora ele encanta multidões, usando os mesmos velhos ingredientes de uma forma nova. Possui um portfólio financeiro de sucesso, composto de livros, restaurantes e vários produtos que devem render milhões. Ele teve o brilho e a paixão para saber que dar receitas não era suficiente para fazê-lo saltar até o alto da cadeia alimentar. Precisava vender o sonho que tinha para si de forma inovadora. Como? Mostrando ao mundo que ele era DIFERENTE, dando enfoque a suas qualidades pessoais

INDIVIDUALIDADE

e mostrando a incrível e divertida *diferença* que sabia que o colocaria em destaque, Emeril tornou-se o que ousou sonhar: alguém muito abençoado.

E você também pode ser.

Só precisa estar disposto a começar o processo.

O que é muito simples se você for corajoso o suficiente para perceber que este pode ser o passo mais difícil da sua vida. Ainda mais se já estiver fazendo o que faz há muito tempo.

Há uma parábola Zen sobre um monge que perguntou ao seu mestre como achar o caminho que leva à iluminação.

— Siga a correnteza — disse o mestre.

— Como? — perguntou o monge.

— Não há como. Só há o agora — finalizou o mestre.

Pura sabedoria.

Puríssima orientação.

Saiba disto: para seguir o caminho do sucesso, não importa onde você está ou esteve. A maravilha da peregrinação é que ela só tem a ver com a sua direção.

E para chegar lá, você só precisa começar exatamente de onde está.

Agora.

Muitas pessoas tendem a esperar para começar no momento ou no lugar certo, e por essa razão, a maioria nem começa. Não espere pela permissão para começar. Você nasceu com a permissão para ser quem é. Em outras palavras, quer esteja criando algo novo ou dando o sangue no trabalho, no seu próprio negócio ou no de outras pessoas, perceba, por favor, que antes de mover os outros, você precisa se mover.

Siga a Lei de Stuart e Ron: ame o que você faz e tenha força de vontade para fazê-lo.

É necessário que o trabalho lhe proporcione uma experiência que seja, acima de tudo, significativa, algo que lhe dê uma determinação elevada, uma atitude de *"quero fazer"* e não de *"tenho de fa-*

zer". Seu trabalho precisa ser algo com que você se importe muito e que o entusiasme; um trabalho que, com sol ou chuva, traga alegria aos seus dias. Precisa ser um veículo para as mais profundas aspirações da sua alma e, mais importante, algo em que possa expressar totalmente os seus talentos. Se fizer o que gosta e gostar do que faz, você nunca trabalhará na sua vida. E prometemos isto: você vai esperar que a segunda-feira chegue logo, sentindo que algo incrível vai acontecer.

Como o mundo seria maravilhoso se todos os homens e mulheres tivessem essa atitude. Então, com isso em mente, se você quiser, aqui está uma dica para conseguir um trabalho que lhe dê tamanha alegria...

Mas apenas se tiver coragem.
Pronto para a resposta? Ótimo.
Aqui está...
SEJA O QUE VOCÊ É!
Pronto. O segredo nem tão secreto assim foi revelado.

E antes de começar a resmungar, lembre-se que muitos, talvez até a maioria das pessoas, vivem sem nunca concretizar seu potencial criativo, perdem oportunidades, abandonam seus dons, habilidades e sonhos por causa — e isso é o mais triste de tudo — da pressão que outras pessoas exercem sobre elas. Você simplesmente não deve deixar que as expectativas dos outros se tornem a sua realidade. É da sua vida que estamos falando. VOCÊ ESTÁ NO COMANDO!

É você quem faz a escolha de como viver a sua vida. Para conquistar o que quer e ter sucesso, não pode deixar que ninguém o tire do seu caminho verdadeiro e o afaste de suas esperanças e desejos. Escute o seu coração e acredite na sua habilidade de criar um trabalho significativo, resista à pressão da família e dos amigos que pode afastá-lo de oportunidades que lhe proporcionem satisfação e realização. Mais uma vez, um *zen-empreendedor* cerca-se de pessoas e situações positivas, procura por aqueles que apóiam e inspiram e afasta-se daqueles que desencorajam, perturbam, sugam e destroem a confiança e sabe que, para continuar, a melhor luz para iluminar o caminho pode vir de uma ponte em chamas.

Só para enfatizar:
SEJA O QUE VOCÊ É!
Mergulhe de cabeça no que é e saiba por que está no mundo. Acorde para o que é e para o que pode fazer. Para atingir seus objetivos, aplique todos os dias sua energia e seu talento da melhor maneira possível, para que o ajudem a executar as mudanças que gostaria. Concentre-se na heróica tarefa de criar um plano de ação para realizar a transição daquilo que está fazendo agora para aquilo que pretende fazer e conseguir. É isso que distingue um herói do resto das pessoas: um herói busca agir, ser e fazer. Escancare a sua janela interior, olhe para sua habilidade, credibilidade e veja se você é vendável. Pegue uma lente de aumento e avalie minuciosamente e com cuidado sua adequação às escolhas, às mudanças e às conquistas. Você tem tudo o que é necessário e consegue lidar com aquilo que tem para avançar efetivamente e vender seu sonho? Tem a confiança, a sabedoria, as habilidades e a segurança necessárias para vencer os obstáculos e desafios que esperam por você? Se não tiver, mexa-se! Não espere: Aja! Nunca é tarde demais para se tornar o que você poderia ter sido.

Novamente, comece de onde está.

Faça o trabalho intelectual e braçal necessário. Comece a acumular a sabedoria, o apoio e a ajuda necessários para ter sucesso ao vender seu sonho. Você não precisa ter um doutorado ou MBA para triunfar nos negócios. Veja a lista dos mais bem-sucedidos e vai notar que, entre os melhores do mundo, existem muitos que não completaram o ensino médio ou a faculdade e preferiram obter seus conhecimentos por meio da difícil escola da vida. Isso é algo que até mesmo os cérebros da Universidade de Cornell, em Nova York, têm de admitir. Afinal, Ezra Cornell, fundador da universidade, nunca se formou em lugar algum. Na verdade, de acordo com uma pesquisa recente da *Forrester Research*, 20% dos milionários dos Estados Unidos nunca pisaram numa faculdade. Mesmo assim, conseguiram usar todo o seu potencial e foram capazes de viver seu sonho porque, mais que qualquer coisa, se empenharam para aprender a ciência do sucesso. Em outras palavras, estavam dispostos a aprender. Isso é muito importante. Um mestre chinês disse: "Se você faz planos para um ano, plante arroz. Se faz planos para dez anos, plante árvores. Se faz planos para cem anos, aprenda".

Abra-se a novos conhecimentos, viva sua paixão, estabeleça objetivos, assuma riscos, encontre um mentor, decida ser feliz, faça todas as coisas que explicamos em outro livro, *Success at life* [*Sucesso na vida*]. Prepare-se, prepare-se, prepare-se. Honre as suas forças, dons e talentos inatos com serenidade, aceitando com paixão a diferença que pode fazer. *Zen-empreendedores* devem, corajosamente dar os passos necessários para transformar seus sonhos em realidade. Para ter sucesso ao abrir uma empresa e vender seu sonho, é preciso ter a atitude e a experiência que o colocarão junto daqueles que possuem as asas do dragão e voam em direção ao sucesso, e não daqueles que voam em espiral descendente. Exponha o seu sonho à luz do sol e veja onde ele termina, nunca se esquecendo de que, para que outra pessoa possa acreditar na empolgação e no potencial daquilo que está sendo desenvolvido, você precisa acreditar primeiro. Com desejo, dedicação e perseverança, sua visão se tornará o que pode ser.

Imagine. Acredite. Conquiste.

O poeta Ralph Waldo Emerson escreveu: "O que existe no nosso passado ou no nosso futuro é mínimo quando comparado ao que temos dentro de nós". Isso está de acordo com o ensinamento taoísta que diz que, se você cultivar o seu eu interior, seu poder se tornará real. Quando somos verdadeiros com nossos eus interiores, agimos de acordo com nossos sonhos e visões. Tornamo-nos a diferença que queremos criar. Apenas ao alcançar esse nível iluminado de franqueza poderemos satisfazer a nossa própria natureza e influenciar a natureza dos outros.

Shakespeare escreveu: "Enxergue com seus ouvidos". Como *zen-empreendedor*, saiba que a verdadeira consciência daqueles que você procurar é o resultado de enxergar com os ouvidos e escutar com os olhos. Hoje, em nossa sociedade de "o meio é a mensagem", ser o vendedor de um sonho é mais importante que nunca. Enquanto a maioria das pessoas entende que é possível impressionar por meio da roupa, corte de cabelo, maneira de falar e linguagem do corpo, muitos se esquecem que coisas simples como cartão de visita, um papel de carta, um envelope ou um site na Internet podem ter o mesmo peso, talvez até mais, já que é uma maneira de você se destacar da maioria e sair do lamaçal no qual as pessoas materialistas são jogadas todo dia. Por esse mesmo motivo, é crucial fazer mais do que um esforço para, de forma criativa, criar sua assinatura pessoal. Para começar, que tal um cartão de visitas que tenha significado? Gostaríamos de lhe dar alguma informação e um exemplo de como é a primeira impressão que uma pessoa tem de você e que é, freqüentemente, negligenciada.

Antes que jogue o livro pela janela, garantimos que um cartão de visitas eficaz e com um projeto gráfico bem trabalhado é um veículo tão importante e essencial como qualquer outra coisa que pode ser feita para tentar prender a atenção naquilo que está vendendo. Sabemos que é difícil acreditar, mas é verdade. *Zen-empreendedores* de sucesso sabem que seu cartão de visitas é uma das ferramentas mais estratégicas para um marketing eficaz. O cartão é o *slogan* deles, a confiança, o orgulho de ser quem são e reflete sua diferença. É também o vestígio que deixam para trás.

Platão afirmou: "O começo é a parte mais importante do trabalho". Há um ensinamento taoísta que diz quase a mesma coisa: "Pode-se conquistar grandes coisas no mundo quando se cuida de seus pequenos começos". Esta não é uma regra rigorosa, mas cada vez mais acreditamos que seja verdadeira: quando você cria um cartão de visitas, está criando seu universo. Quando entrega seu cartão de visitas, permite que alguém conheça o mundo ao qual está sendo convidado. O seu mundo. Um mundo especial — não se esqueça —, que oferece uma noção de determinação, paixão e entusiasmo. No caso de você ter parado a leitura para fazer um lanchinho e porque nunca é demais repetir uma palavra que está aí para quem quiser ver: D-I-F-E-R-E-N-T-E.

É exigir muito de um pequeno pedaço de papel.

Nos Estados Unidos, são impressos mais de 50 bilhões de cartões de visitas anualmente, e por isso pedimos que você faça um favor a si mesmo e junte uns trocados para contratar um designer gráfico para compor uma declaração visual poderosa e capaz de prender a atenção sobre você, seu produto, serviço ou empresa. Talvez não acredite nisso, mas nós acreditamos: seu cartão de visitas é sua embalagem pessoal. Como a entrada de uma grande estrela no palco, é isso que vai determinar a maneira como o público se relaciona com você. É o chão em que está pedindo para eles pisarem. Com tanta coisa em jogo, o design da sua identidade visual deve ser confiado a um profissional experiente e talentoso. Tente contratar um designer gráfico que já tenha criado logos e papéis timbrados para outras pequenas empresas ou empreendedores, alguém que possa criar um programa visual de promoção e marketing ideal para você.

Lembre-se que em relação a todos os aspectos do negócio, especialização e talento não são um custo, e sim um investimento.

Aprenda a aceitar o design.

Torne-o uma obsessão.

Defina-o.

Tome decisões sobre ele.

Distribua-o.

Conecte-se à idéia de que o design é a Pedra da Roseta que influenciará e guiará o seu cliente em potencial para aquilo que você apresenta e oferece. O design cria uma conexão que aumenta a per-

INDIVIDUALIDADE

cepção, o que pode solidificar sua imagem junto a seu público. Numa sociedade visual, o design proporciona uma comunicação que as palavras não têm. Respire fundo e invista um pouco do seu orçamento inicial em design. Esse é o primeiro passo nesse importante investimento em si mesmo e realmente vale qualquer preço que um designer possa cobrar. Uma comunicação visual bem trabalhada é um dos pontos mais importantes para o sucesso do negócio. Todas as representações físicas da imagem do seu negócio, todo o seu formato visual, desde a fatura até o papel timbrado, do catálogo ao banner, todos esses materiais oferecem uma oportunidade de criar uma impressão extra e moldar e controlar com sucesso seu impacto junto ao cliente. Este é um fato óbvio, mas ainda ignorado: há milhares de palavras na nossa língua, mas as coisas que as pessoas vêem as afetam mais. Imagens poderosas e agradáveis podem impressioná-las. Podem valorizar o seu produto ou serviço. Pode apostar nisto: o valor de uma imagem positiva, eficaz e de destaque será um passo importante para proclamar sua diferença e o ajudará a conquistar corações e mentes.

> "A logomarca de um bule de chá da The Republic of Tea sustenta as numerosas expressões da empresa desde sua identidade até suas visões. O mote principal da empresa é a variedade de chás e as preferências daqueles que os bebem. Divulga os chás criando um ambiente singular, apresentado em uma carta do 'Ministro das Viagens'. A logomarca do bule de chá pode assumir diferentes formas, uma vez que o vapor que sai de seu bico indica diversas personalidades e humores."
>
> — Clement Mok, em *Designing Business: Multiple Media, Multiple Disciplines*

Talvez esses conceitos nunca tenham passado pela sua cabeça, porém pelo fato de o sucesso e o fracasso estarem sempre lado a lado, a atenção a coisas como essas lhe trarão a atração essencial que pode ajudar a tornar as coisas mágicas. Faça com que sua luz se torne um fato.

E talvez ela permita que você vença.

E abençoe sua vida e seu trabalho com diversão e alegria.

Porque é isso que o sucesso deve lhe proporcionar, no final das contas. Diversão, alegria e a percepção de que:

1. Quando deixa de se divertir e de ser alegre, você começa a perder.
2. Quando deixa de acreditar que é alguém que pode fazer a diferença, você começa a perder.
3. Quando deixa de perseguir seu potencial e sua paixão, você começa a perder.
4. Quando deixa de expressar seu eu singular por meio de seus produtos e serviços, você começa a perder.
5. Quando deixa de entender que o sucesso vem para aqueles que o agarram, você começa a perder.
6. Quando deixa de acreditar que é alguém que pode fazer a diferença, você começa a perder (é igualzinho ao item dois, mas achamos que era preciso repetir).
7. Quando deixa de buscar algo significativo e expressivo, você começa a perder.

Isso é malvisto por aquelas pessoas sombrias que dizem que a vitória deve ser medida pelo salário, pelos benefícios, pelos títulos, pelo prestígio, pelo reconhecimento e que os critérios para avaliar uma carreira são as recompensas financeiras. Como em *O poderoso chefão*, são negócios, não é nada pessoal. Isso é tão errado. Negócios são pessoais. Ou deveriam ser. Esse é o melhor conselho básico. Um trabalho desafiador, para o qual você é dotado naturalmente, é essencial para o seu bem-estar e para o bem-estar do mundo, oferece gratificação material e espiritual e permite a expressão da criatividade que resulta em algo há muito esperado: uma vida com significado. A verdade por trás disso, ou seja, a realidade máxima é que a vida é mais do que o tédio de realizar tarefas diárias desinteressantes apenas para pagar a fatura do seu cartão de crédito. Ser verdadeiro para com seu coração é o que realmente conta no final. É a única coisa que repercute.

Mas você tem de ser um jogador.

Precisa jogar para vencer com todas as suas forças.

Jogue com uma expectativa positiva de sucesso. Aja e pense como alguém que sempre pode trazer a vitória para casa. Ter a coragem para fazer, ser e jogar o jogo da vida e da carreira com o coração e com alegria, para se erguer e cavalgar seu dragão interior quando os outros esperam que você falhe, vai lhe proporcionar a euforia do sucesso. Não importa se está trabalhando no seu próprio negócio ou se está pronto para fazê-lo. Nem um pouco. O que importa é que se especialize em coisas boas, com o objetivo explícito de ter sucesso por meio de sua paixão, seus talentos e seus dons. Faça o esforço extra que pode transformar seu trabalho em arte. Quando estiver vendendo seu sonho, mostre que aquilo que faz é, por sua causa, DIFERENTE. Odeie perder mais do que você adora ganhar. Melhore o jogo aperfeiçoando seu desempenho e suas habilidades. Todas as vezes que entrar em cena, faça-o com confiança, e isso permitirá que você continue. E vença.

O que estamos dizendo é que confiança é a chave para revelar seu potencial. Paixão, talento e habilidade também fazem parte do tempero, mas, para ser um verdadeiro *zen-empreendedor*, você precisa ter confiança para agir. O desafio básico que todos temos de encarar é fazer o que for preciso para atingir nosso objetivo. Qualquer sucesso obtido virá apenas como resultado de uma ação realizada. A falta de ação é a diferença entre o sucesso e o fracasso. Como um *zen-empreendedor*, saiba que, mesmo estando no caminho certo, você se perderá se não seguir em frente. Você *pre-*

cisa encarar cada um de seus dias como um jogador comprometido com a causa de conquistar uma experiência de vida mais rica e mais profunda. Proteja seu destino, sua grandeza e sua esperança. Não passe pela vida, mas cresça com ela. Estimule sua mente e apóie seu espírito continuamente com pensamentos positivos. Não há outra maneira de dizer isso de forma mais clara, mas isto pode ajudar:

Você precisa acreditar que pode.

Quando apresentamos os primeiros fragmentos deste livro, nosso editor foi atencioso o suficiente para perguntar a Ron e a mim sobre como achávamos que o livro deveria ser classificado: negócios, auto-ajuda, inspiração, motivação... como? Em que prateleira achávamos que nossa pequena jóia, na qual trabalhamos arduamente, deveria ser colocada? É uma discussão importante por uma série de motivos. Principalmente porque não queremos que o que colocamos no papel seja invisível. Pessoas que têm objetivos não deveriam precisar fuçar as livrarias, procurando com esperança.

Mmmm...

Quer ler um dos melhores livros de auto-ajuda, inspiração, motivação e negócios que existe? Publicado originalmente em 1937, talvez alguém tenha lhe dado de presente anos atrás e ele nem esteja mais com você — embora devesse estar. É um livro infantil que foi sua primeira lição de pensamento positivo e autoconfiança; um livro que deveria ocupar um lugar sagrado nas prateleiras de negócios, auto-ajuda, inspiração e motivação de todas as livrarias no mundo, mas, infelizmente, as coisas não são assim. Porém, algumas lojas o tratam com carinho. Pegue *The little engine that could* [*O motorzinho capaz*], escrito por Watty Piper e ilustrado por Christina Ong. Torne-o uma leitura obrigatória e releia-o com freqüência. Hoje mesmo separei um tempinho para lê-lo mais uma vez e, mesmo correndo o risco de ser um estraga-prazeres e arruinar o fabuloso final do livro para a maioria das pessoas, vou contá-lo: enquanto os novos e poderosos motores cantavam com grande desesperança "não consigo, não consigo, não consigo...", o pequenino motor azul contraria todas as probabilidades e conduz os brinquedos pela montanha com o mantra "posso conseguir, posso conseguir, posso conseguir...".

O que prova, mais uma vez, que a esperança está onde você a encontra. Não importa o que os outros digam.

O BOCA A BOCA

傳布

Chuanbu

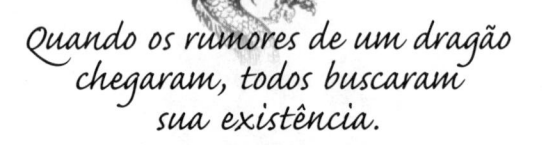

Quando os rumores de um dragão chegaram, todos buscaram sua existência.

6 | TOQUE O GONGO: COMECE UM BOCHICHO

Que coisa. Você se preparou com muito cuidado. Planejou e criou, dando o melhor de si. Pensando em todas as possibilidades, analisou cada detalhe, fazendo o sonho da sua empresa brilhar, enquanto ficava agoniado, claro, juntando centavo por centavo, pedindo emprestado o que podia, esperando que, por sua sabedoria, habilidade e sorte, seu site seria visitado, seu telefone tocaria ou a porta se abriria, sabendo, com uma certa confiança, que se simplesmente fizesse o possível, o destino lhe guiaria até o momento mágico e esplendoroso tantas vezes imaginado. Você tem certeza disso.

Não prenda a respiração.

Quer a verdade? Será um desastre total porque em muitos casos, seu site não será visitado, seu telefone não vai tocar e não haverá uma multidão entrando pela sua porta. Os demônios lhe pregaram uma peça. E essa calamidade será chocante e dolorosa, e será apenas o começo do martírio que tomará conta de você, enquanto enfrenta um período de luto tentando controlar sua vida desmoronada, amaldiçoando sua impotência e repetindo o lamúrio empresarial padrão: se houvesse mais dinheiro ou mais tempo, ou mais de qualquer outra coisa necessária para levá-lo até o público — ou o público até você. Depois de um certo tempo, considerando que tenha se recuperado do choque, você estará a apenas um passo do esquecimento, e nada mais.

E, se por algum bom motivo, o que citamos anteriormente for a causa da sua falta de entusiasmo e de você ter enterrado a cabeça no chão, este é um ótimo momento para lhe mostrar, sem rodeios, a absoluta dinâmica do sucesso de qualquer negócio, seja grande ou pequeno. É tão importante que nós vamos colocá-la em letras maiores:

VOCÊ PRECISA DE UM CLIENTE!

Certo, nós sabemos que é idiota dizer algo tão óbvio. De qualquer forma, foi tão óbvio e digno da sua atenção quando estava planejando seu orçamento? Quando juntou o dinheiro, reservou uma parte dele para fazer propaganda para divulgar ao mundo o que você oferece ou faz, ou só se preocupou com isso quando já estava sem grana? Preocupou-se sim, mas não como deveria. Muitas vezes, o caminho da realidade é aquele com o qual as pessoas menos se preocupam, um problema endêmico a tantos desastres nos empreendimentos. E é por isso que deve prestar muita atenção e não se esquecer do seguinte:

Mais importante que a sua idéia de negócios; mais importante que o seu serviço ou produto; mais importante que salários, computadores, telefones, aluguéis, luz, equipamentos, empréstimos; mais importante que tudo isso é a capacidade essencial de atrair, conquistar e manter clientes. Bastante óbvio, claro, já que o dinheiro do cliente que paga tudo isso.

Um aparte para todos os iniciantes: ignore frases feitas como "basta construir, e eles virão". É necessário mostrar o caminho. Você precisa ir de forma consciente até o cliente, o prospect, o assinante, o membro. Um antigo provérbio chinês diz que "um negócio escondido nas sombras nunca aproveita a luz do sol". Você precisa perseguir, comunicar, provocar, atrair, cativar, animar e motivar o movimento até aquilo que oferece. O milagre (não é uma palavra tão forte) do sucesso para qualquer negócio é o impulso que leva as pessoas até sua empresa, produto ou serviço. Fim do aparte.

Faremos uma pausa para explicar uma verdade básica.

Esta é uma das principais regras de marketing que queremos que conheça: fazer propaganda é algo caro. Relações públicas também. A maioria das agências não vai nem perder tempo com você se não tiver um polpudo orçamento mensal ou semanal reservado para a propaganda.

Uma outra regra de marketing que precisa conhecer: por mais dinheiro que gaste, você vai tentar agarrar bolhas de sabão. Por quê? Excesso de informação. As propagandas bombardeiam nossos sentidos constantemente com tantas informações que aprendemos a bloqueá-las. Anúncios de TV perdem-se na programação. Anúncios impressos perdem a importância no momento em que viramos a página. Os clientes estão mais céticos e acreditam menos nas propagandas; não prestam tanta atenção como no passado e não confiam mais na mensagem. Pesquisas indicam que apenas 50% das propagandas funcionam e em apenas 50% das vezes.

Se disséssemos que, sem gastar muito dinheiro, há uma solução muito mais segura para atrair clientes, você, provavelmente, contestaria (estaria errado, mas é um direito seu). De qualquer forma, esta é a regra mais importante no marketing, uma espécie de sétima cavalaria para a qual você deve pedir ajuda:

A melhor solução é o boca a boca.

Sua influência invisível é uma das estratégias de marketing mais poderosas e eficientes, para não dizer mais baratas, que podem dar a você e ao seu negócio a atenção do seu público-alvo de maneira mais consistente que qualquer campanha publicitária, mesmo gastando muito dinheiro. Estatísticas mostram que os consumidores são irresistivelmente persuadidos a agir de acordo com as recomendações ou estímulos feitos por familiares, amigos ou colegas. Conversas na rua, chats na Internet, marketing de guerrilha, elogios da tia ou do vizinho que contam para todo mundo qual é o seu produto ou serviço; isso tudo é parte integrante do marketing do seu sonho. Mesmo assim, muitos iniciantes ainda não sabem como o fenômeno do boca a boca funciona ou como fazê-lo funcionar.

Mas, fale baixo... temos nossos segredos.

Todos os *zen-empreendedores* têm. Mas uma coisa de cada vez; vamos por partes.

O que é o boca a boca?

É um boato transmitido oralmente que tem uma força incrível, que nenhuma pessoa em sã consciência pode ignorar. Ele impregna e inspira as mentes de milhares de pessoas com uma impressão incrível a respeito de uma empresa, produto ou serviço. Pode transformar um filme iniciante, fraco, independente e de baixo orçamento, chamado *A bruxa de Blair,* em um sucesso de mais de 250 milhões de dólares. Pode criar uma demanda enorme por uma marca de carro e fazer vendas sensacionais de uma bicicleta. Pode tornar um simples e inteligente programa para compartilhar músicas, criado por colegas de faculdade, numa das mais bem-sucedidas tecnologias da atualidade, usado por oitenta milhões de pessoas e conhecido como *Napster.* Tudo isso foi feito sem o apoio de estrelas do esporte e da televisão. Mas, de alguma maneira, as revistas lutaram para colocar os assuntos clandestinos em suas capas.

Veja você, milagres acontecem todos os dias.

Mais ou menos.

Para iniciar e construir o boca a boca, é essencial começar com um produto ou serviço sobre o qual valha a pena falar. Algo que cative e estimule os usuários para que se tornem a força de vendas que fará com que outras pessoas peguem carona na sugestão. Para gerar um boca a boca bem-sucedido, o que você tem a oferecer precisa ter um poder absoluto e muito importante de curar uma doença: a da familiaridade, pois esta não cria boca a boca. Apenas danifica o crescimento. E pode acabar com um negócio. Um negócio que não é inovador ou especial é simplesmente um negócio. É a vocação daqueles que adoram acenar e fingir:

— Olhe, eu tenho um negócio.

Nunca será demais explicar o quanto é crucial o compromisso de ser um campeão das mudanças. Um mago das maravilhas. Um mestre da magnificência. Alguém que aposta na surpresa. Um reitor da libertação. O que precisa fazer melhor que qualquer pessoa é criar uma distinção que o apresente como sendo (lá vamos nós novamente) D-I-F-E-R-E-N-T-E. Incrivelmente diferente e novo na maneira que seu produto ou serviço vá além do comum e ultrapasse as expectativas daqueles que pretende atingir. Seus clientes precisam vivenciar essa diferença e ficar perplexos com ela para que possam dar um testemunho positivo e impactante. Faça algo surpreendente e maravilhoso por seu cliente. Faça-o com entusiasmo e habilidade. Vire-se do avesso por ele. Seja exemplar. Regra geral: ultrapassar expectativas produz um bom boca a boca. Não corresponder a expectativas produz um mau boca a boca.

O que nos leva à pergunta: o boca a boca sempre funciona?

Nunca ou sempre.

Acreditamos que essa seja a resposta, porque o boca a boca contagiante que fomenta discussões e se propaga, exige o envolvimento de usuários que estejam tão impressionados com a experiência que, com o zelo de um verdadeiro fiel, precisam falar sobre sua satisfação com outras pessoas. Para que o boca a boca tenha sucesso, é preciso que seja como uma bola de neve, ganhando tamanho e peso com o acúmulo de clientes interessados e envolvidos. Quanto mais satisfeitos e entusiasmados eles estiverem, mais recomendarão seu produto ou serviço por meio de uma conversa que o apresente, cause uma impressão e influencie seus conhecidos, pois não é algo forçado e que trará a ele algum benefício além da alegria de dividir a descoberta e falar às pessoas sobre algo encantador.

Umas perguntas para você: em que lugar você pede uma recomendação sobre onde consertar o carro? Para quem pergunta onde comprar um computador novo? Como descobre um bom restaurante, clube ou filme? Ou quem é bom o suficiente para cortar seu cabelo? Você pergunta a um amigo, um vizinho ou um conhecido, aceitando as sugestões e respeitando suas opiniões.

O boca a boca não é motivado pelo ganho pessoal, e sim pela satisfação de ajudar amigos, colegas ou conhecidos a encontrarem ótimos produtos ou serviços. O boca a boca é a mensagem de marketing que emana da fonte mais eficaz possível: o cliente. A palavra principal dessa frase é o cliente. Eles nos têm à sua mão, à sua mercê. Você pode viver no andar de cima da sua loja, mas são eles quem dizem se ela deve estar aberta ou fechada. Entenda: o boca a boca é poderoso porque é a linguagem do cliente, não a do vendedor. Para muitos, o boca a boca é a verdade.

Mas depende de você para acontecer.

Você precisa ser o arquiteto incansável que planeja o boca a boca de que seu negócio precisa. Você é o responsável por garantir que ele não vai desmoronar quando a realidade surgir. Há uma fórmula para criar um bom boca a boca, e você tem de ser o ingrediente principal. O que nos leva a pensar o seguinte: seu produto ou serviço já está pronto? Mais importante, você está pronto para dar a partida e espalhar a energia do boca a boca que pode ser o catalisador para que seu sonho chame muita atenção?

Então, faça tudo com habilidade.

Construir uma campanha de boca a boca bem-sucedida depende de buscar os mensageiros certos para sua mensagem. Mantenha seu foco exatamente naqueles que são seus clientes em potencial. Um *zen-empreendedor* sabe que não é preciso olhar muito longe. Um antigo ensinamento zen-budista diz: "As nuvens estão no céu. A água está no poço". Isso é a mais pura verdade. Toda indústria, comunidade, organização, clube e círculo social tem conferências, reuniões e encontros. É aí que você vai encontrar os formadores de opinião e os líderes mais poderosos e capazes de transmitir sua mensagem ao mundo e a mais mensageiros. Mesmo que você seja o Rei dos Bobos ou a Rainha da Insegurança e não saiba se expressar bem, é sua responsabilidade tomar coragem e promover seus produtos àqueles que vão ouvi-lo e talvez comprá-los.

O *I Ching* diz que "ter para onde ir faz com que você se apresse". Um *zen-empreendedor* sabe que, para ter o controle de sua zona de conforto, é necessário aprender a sair dela. Vender seu sonho sempre deve ser um ato de exploração. Então vá a muitos lugares e converse com as pessoas sobre seu produto ou serviço. É você quem dá a luz ao seu sonho. Entenda que ele respira e cresce por meio da comunicação. Essa é uma realidade com a qual terá de conviver todos os dias da sua vida.

É preciso acrescentar isto: Confúcio escreveu que "as naturezas dos homens são parecidas; são seus hábitos que os diferenciam uns dos outros". Uma grande verdade. Seu sucesso não é determinado por sorte, e sim pelas atitudes que toma dia após dia. Nós sabemos disso.

E acreditamos que as pessoas bem-sucedidas estão dispostas a fazer coisas que pessoas fracassadas não estão dispostas a fazer.

É aí que você entra.

Você precisa estar sempre disposto a reunir toda a energia, esforço, tempo, dinheiro, perseverança e habilidade que conseguir para ter sucesso ao vender seu sonho. Esteja totalmente comprometido a atingir seu público e a fazer o que for possível para alcançá-lo e iluminar sua existência. Lembre-se de que não está contando uma história, *você está fazendo história*. Use a importantíssima vantagem de criar a personalidade e a imagem do seu negócio. Torne-se um falante incansável, apaixonado e culto. Produza sair faíscas. Acelere o pulso das pessoas. Leve todos aqueles com quem entra em contato para além do habitual e do mundano. Com clareza e coragem, traga consciência, encanto e excelência ao mundo deles. Faça isso sem medo ou hesitação: não há um poço de piche fervente esperando por você. Na verdade, pode até ser que haja o mitológico pote de ouro.

Um exemplo rápido:

Ron é um corredor que participa de maratonas. Ele corre todo o percurso de mais de 40 km em Boston, Chicago e em outras maratonas, fazendo isso por muitas razões desafiadoras, mas principalmente para manter saudáveis corpo, mente e espírito. Para ajudá-lo a encontrar a energia física necessária para enfrentar os rigores da corrida, Ron (que não é bobo), assim como muitos outros atletas, nutre-se com barras energéticas que melhoram o desempenho.

Embora muitos de vocês saibam que as barras energéticas são vendidas em mercearias, supermercados e lojas de conveniência há algum tempo, podem não saber que análises otimistas acreditam que as vendas desses produtos atingirão a marca de dois bilhões de dólares por ano em vendas, equiparando-se às vendas de bebidas esportivas como o Gatorade.

O que você também pode não saber é que a barra energética PowerBar, a primeira a surgir no mercado, não foi criada em um laboratório de uma grande empresa de alimentos, mas sim resultado de uma idéia que surgiu na pequena cozinha de Brian Maxwell, treinador de atletismo na Universidade da Califórnia, e de sua então namorada e atual esposa, Jennifer Biddulph.

Na verdade, Brian e Jennifer, ótimos corredores, estavam procurando por um carboidrato de rápida digestão, que seus colegas maratonistas pudessem comer durante a corrida. Foi necessário ter paixão, persistência e trabalho árduo, sem contar as economias do casal para produzir a criação. E mesmo com a certeza de que Deus está no céu, tiveram de fazer muito mais do que rezar para chegar lá.

Foram a vários eventos esportivos, conversando sobre a barra energética com outros atletas, triatletas, ciclistas, jogadores de futebol, nadadores, tenistas, atletas de final de semana... Não importava realmente quem eram, o que importava era que estavam contando ao mundo os benefícios das pequenas barras ao distribuir amostras grátis. Aqueles que ouviram o que tinham a dizer e aceitaram as amostras, contaram aos colegas e amigos, que contaram para outras pessoas e o boca a boca cresceu tanto que tiveram de sair da pequena cozinha. Não que fosse ruim, afinal, como seria possível dirigir um negócio de 140 milhões de dólares em uma cozinha pequena e ainda ter espaço para negociar a venda da barra para a Nestlé?

Poderíamos, facilmente, citar muitos outros exemplos. Há uma grande onda de produtos, marcas e serviços bem-sucedidos graças a um boca a boca competente. De qualquer forma, precisamos nos lembrar que o verdadeiro segredo para vender seu sonho é simplesmente este (acredite):

Você só precisa de você.

Se há uma coisa neste livro que precisa ficar marcada é essa.

Mais uma vez...

VOCÊ SÓ PRECISA DE VOCÊ!

Deixe que essas palavras tomem conta de você. Encha a sua mente com coragem para se dedicar à arte suprema de praticar possibilidades. Um *zen-empreendedor* é um realizador de sonhos. Fazendo o que ama e amando o que faz, qualquer pessoa consegue ser feliz. Buda declarou que "seu trabalho é descobrir seu trabalho e depois se entregar a ele de todo coração".

Em outras importantes palavras: trilhe seu caminho para o sucesso.

Crie e preserve a imagem de sua escolha. Promova o casamento do ser com o fazer. Um *zen-empreendedor* sabe que um dos maiores segredos para vender um sonho está escondido na sua rotina diária. Com clareza de intenções, comprometa sua mente, alma, espírito, talento, inteligência e paixão com sua causa e sua visão. Seja a origem de grandes produtos e serviços exemplares que surpreendam e animem as pessoas. Estabeleça o objetivo de transformar todos os seus clientes em evangelistas. Seja um idealizador do novo e do melhor. Um criador de coisas boas. Um construtor de boca a boca. Um vendedor de mitos. Um Michelangelo do avanço. Aja, aja e aja! E dê a eles o melhor que puder. Seja o assunto do máximo de conversas que puder. Envie catálogos. Entregue folhetos. Mande cartões de agradecimento ou presentes para aqueles que o recomendaram. Crie ofertas promocionais... distribua amostras. Doe seu tempo, serviço ou produto para caridade. Semeie boa vontade... faça parte de organizações sociais e profissionais em que encontrará pessoas que o ajudarão a transmitir quem você é e a começar o marketing. Melhore o seu site...

Você tem um site?

Você não... tem um site?

De que cor é o céu no seu mundo? Quantos sóis tem? Aqui, neste planeta azul, existe a Internet. Não importa o que oferece ou faz, as pessoas procurarão saber mais online. Mesmo que ainda esteja engatinhando, mais da metade da população dos Estados Unidos, por exemplo, faz uso da internet. E esse número cresce a cada dia em todos os lugares do mundo. Então, se não tem um computador com um modem, providencie um. Se não tem um site, faça-o. Agora! Porque a verdade é uma só, e bastante simples: fora da rede... fora da realidade.

Ter o melhor produto ou serviço já não é mais suficiente no atual mercado competitivo e complicado. Você precisa ter conhecimento tecnológico. Você precisa ser tecnologicamente sensato. Precisa ser ponto com. Molhe seus pés na rede. Perceba que ter seu próprio site lhe permite promover poderosamente a sua presença, incluir e espalhar informações sobre a sua empresa 24 horas por dia. Mas, melhor que isso, seu site pode abrir as portas para o início do seu relacionamento com o cliente. Conversas online são o máximo! Use seu site como uma ferramenta poderosa para plantar, construir e aumentar o boca a boca. Cultive testemunhos. Aumente os endossos. Tenha um botão de "envie isso para um amigo" que permite que as pessoas passem adiante uma mensagem sobre seus produtos ou serviços. O boca a boca de amigos e colegas tem muito mais peso que afirmações de um departamento de marketing. O "enviar para um amigo" é o barulho das pessoas conversando umas com as outras: sobre você, sobre sua empresa, seus produtos ou serviços. Inclua uma seção de perguntas, um fórum ou uma sala de bate-papo, algo que estimule conversas, conexões e trocas de informações entre clientes. Tire vantagem da proliferação de listas de discussão, comunidades e fóruns de discussão que podem atrair usuários em potencial. Quando o boca a boca se torna "computador a computador", você pode rapidamente acelerá-lo por cidades, países, continentes. O estímulo ao boca a boca pode transformar o menor comentário num diálogo enorme sobre uma descoberta que pode interessar a multidões. É para isso que serve a Internet. Entenda que a Internet não é apenas um meio de comunicação; é também um meio de comunidade. Um veículo que estimula a socialização e o partilhamento de informações que nos ajudam. É uma coisa espetacular. E ainda me assusta.

No final, por toda a sua importância, o boca a boca nada mais é que uma trilha de migalhas a ser seguida por olhos e ouvidos inexperientes. Uma energia muito forte que pode ajudar a mostrar o caminho para a consciência de algo que poderia não ter acontecido. Na verdade, este livro é um bom exemplo de boca a boca, afinal, são grandes as probabilidades de ter sido isso que nos uniu. Certamente foi o boca a boca que fez com que Ron e eu decidíssemos escrever e enviar estas páginas...

A tempo.

Ao olhar para trás, me lembro do momento crucial com clareza. Começou quando recebemos um educado e-mail de uma jovem curiosa, uma *zen-empreendedora* que havia aberto sua própria empresa de tecnologia em Portland. Estava nos procurando para perguntar quando poderia ler nosso próximo livro. E, claro, minha alma de escritor ficou satisfeita com o interesse e a expectativa dela, mas expliquei que demoraria pouco porque estávamos com a atenção voltada para outra coisa naquele momento. Entretanto, se tudo corresse bem, poderia ser, talvez, possivelmente publicado na primavera. E muito obrigado.

O que ela escreveu em seguida realmente nos surpreendeu. Surpresa é a palavra certa, porque ela começou a dizer o que achava das coisas que Ron e eu já havíamos escrito para o esqueleto do livro. Em outras palavras, veio armada com o material que estávamos separando... mas como ela poderia saber? Tinha de ser algum tipo de mágica. Não havia como ela saber coisas que ainda eram brutas para nós, que estávamos selecionando para um primeiro rascunho. É uma certa loucura perguntar a uma completa estranha como ela conseguiu saber coisas tão sólidas de algo que ainda estava meio escondido, que não estava pronto para ser lido.

— Ouvi um boca a boca sobre isso na Internet — ela respondeu, orgulhosa. — Vá e veja você mesmo.

Eu fui.

E fiquei chocado.

PREVIDÊNCIA

YUANJIAN

*Um dragão traça
o seu próprio destino.*

7 | UM OLHO PARA UM SER: FAÇA DA SUA VISÃO A SUA MISSÃO

Queremos passar para você um conceito verdadeiramente deslumbrante que não será ensinado nas maiores faculdades de Administração do país, e o faremos num parágrafo separado:
O significado está no sonho.

A cada dia que nasce, reconheça que um sonho é uma poderosa conexão que liga a mente à alma, permitindo que crie seu propósito pessoal e tenha visão para o que é importante para você. Mais que isso, ao dar poder a sua imaginação criativa, você ultrapassa o limite sombrio das possibilidades futuras. Ter visão fortalece seu entusiasmo, sua confiança, sua paixão, sua persistência e suas crenças. Ter visão faz com que veja o mundo animador daquilo que pode ser. É a vida de uma idéia. E é essa energia de concepção ao nosso redor que nos enlouquece de felicidade e, ao mesmo tempo, assombra nossos sonhos. Espero que já tenha compreendido que há infinitas idéias esperando para nascer. E são os *zen-empreendedores* que permitem que elas nasçam.

Mais uma vez: *enquanto os empreendedores tomam conta de uma idéia, os zen-empreendedores deixam que uma idéia tome conta deles.*

E permitem que a energia inexplicável da idéia agarre-os e faça-os levitar. Movidos pela excitação e pelo potencial da idéia, tornam-se conscientes das forças frenéticas em jogo, adaptando-se à gestação das possibilidades que criam o caminho para o sucesso e fazem com que sigam sempre em frente.

Enquanto há muitas fórmulas para ajudar na tarefa de vender uma idéia, há uma sabedoria às avessas que diz que o início de um negócio exige a criação da missão da empresa. Meia verdade. A missão da empresa é bastante confundida com a visão da empresa, mas a verdade é que a visão é um ímã mental que o direciona para seu propósito de vida. A palavra visão em sânscrito, *vijnana*, significa sabedoria maior. Essa sabedoria maior é repleta de possibilidades e proporciona a fertilidade, a união e, por fim, o nascimento e o crescimento de uma idéia. Ao escutar o que vem de dentro, um *zen-empreendedor* permite que a idéia tome as rédeas. Ao se adaptar às inovações, surge uma nova maneira de enxergar e de ser. Ao visualizar o diferente, um *zen-empreendedor* descobre a diferença.

Enquanto o empreendedor finge que sabe o que vai acontecer, o zen-empreendedor imagina o que vai acontecer.

E acredita nisso profundamente.

A missão da empresa baseia-se totalmente na visão. É a implementação da inspiração, o que captura a essência do sonho e o trata da maneira mais mística possível. Uma boa missão diz ao mundo quem você é, por que está aqui e o que vai fazer. O famoso escritor Tom Peters, um homem muito inteligente e um dos maiores gurus de negócios dos Estados Unidos, diz que a missão da empresa deve ser um veículo que transmite a sua paixão. Ele está, claro, absolutamente certo. Mostre seu sonho para quem quiser ver, assim como seu coração e sua alma. Uma missão deve ser uma afirmação motivacional muito forte que orienta o seu negócio, atrai clientes e vende seus produtos. Que tipo de diferença você pretende fazer no mundo? O que sua missão tem de persuasiva que o distingue dos seus concorrentes? É fácil de entender e voltada para a ação? É comprometida com a excelência que o mercado exige? Transmite os valores e os benefícios que prentende expressar? Produzirá uma resposta emocional e motivadora? Corresponde ao seu compromisso de fazer e ser?

Ligue seu computador ou pegue papel e caneta e comece a escrever uma missão que se propagará e fará com que o mundo o descubra. Uma missão que seja programada para ajudá-lo a supe-

rar os obstáculos incertos do sucesso e que lhe permita enfrentar qualquer desafio. Que mostre do que você é feito. Seja longo, curto, um parágrafo, uma frase, não importa. Quando tiver terminado, faça a si mesmo, e a todos nós, um favor.
Leia.
Sinta.
Acredite.
E, acima de tudo, faça!
Compartilhe-o. Com todo o mundo. Não o enterre no meio de toda a sua papelada inicial. Mantenha sua missão visível para todos. Sinta-se confortável por tê-la por perto. Coloque-a na parede, imprima-a na capa do manual dos funcionários da empresa. Torne-a um manifesto. Para ser produtiva, sua empresa precisa exaltar objetivos e aspirações diariamente. Você tem funcionários? Se tiver, peça para que pronunciem, como um exercício regular, a missão da empresa. A resposta, ou a falta dela, vai deixá-lo chocado e triste. Aqueles que estão no seu time nunca devem perder de vista o motivo pelo qual a empresa começou e o que você pretende conquistar. O sucesso de qualquer negócio é apenas a vontade coletiva das pessoas envolvidas. Essa vontade pode ser moldada. É imperativo que todos sejam ativistas, co-conspiradores na busca pela grandeza. Estamos falando de uma revolução. Um contagioso chamado às armas. Fazer um movimento que crie um vírus infeccioso de vitalidade que se espalhe por aí. Comece uma rebelião. Seja um herético — eles começam revoluções. Consiga pessoas para defender a sua causa. Veja a diferença, seja a diferença que pode atrair outros. Para que a missão atinja seu objetivo, as conexões entre ela e a visão devem existir para dar uma sensação de elevação, dignidade, direção e orientação. Os antigos mestres afirmam que o destino procura, não importa o caminho que segue. É verdade.
Certo, leitores, querem um exemplo de missão da empresa? Aqui está um que o já mencionado Tom Peters tem usado como exemplo em suas palestras.

E é também um exemplo muito próximo e muito querido.

Como ministros da The Republic of Tea, nossa missão declarada é provocar uma revolução do chá. Nossa política de imigração é livre e aberta e acolhemos com prazer todos que desejam fugir da tirania de uma vida regada a pressa e a café. Em nossa pequena terra, aprendemos que tomar café é apressar-se e perder de vista, enquanto tomar chá é ir com calma e olhar em volta. Porque o chá não é apenas uma bebida, é uma substância que altera a consciência para que você possa entrar em contato e apreciar a beleza e as maravilhas que a vida tem a oferecer. Continuaremos a percorrer o mundo e não descansaremos enquanto não enxergarmos chá nas xícaras de todos os homens, mulheres e crianças em todo lugar, trazendo alegria e satisfação por meio da vida "gole a gole", uma vida de saúde, equilíbrio e bem-estar.

O que vocês acharam? Muito longo? Sim e não. Mais uma vez, não importa se a missão foi escrita em uma linha, uma frase ou alguns parágrafos. Apenas precisa realizar a função de criar notícia, impor valores e permitir um comportamento que apóie a implementação do objetivo final. Uma boa missão deve começar com algo que comunique a essência da visão, o propósito da fundação, o que pretende conquistar. Deve conter uma declaração de alteração do *status quo* que identifique o problema ou a condição a ser transformada. Como vai mudar as coisas? Mantenha o foco nos resultados, e não na metodologia. Novamente, seja grande ou pequena, a quantidade de tinta gasta não importa. Portanto, não se intimide. Uma missão não precisa ser um enorme tomo ou um discurso intelectual, então não exagere. Para ter sucesso, é necessário atingir os pontos mais altos, direcionar energia, articular e transmitir a qualidade essencial e a intenção principal do seu negócio. Aqui vamos nós novamente. Esta é a missão que Ron e eu mantemos em nossas agendas e de acordo com a qual vivemos:

"Nossa missão é ser o principal fornecedor dos melhores chás e ervas do mundo — respeitados por nossa qualidade superior, pela inigualável seleção de produtos, serviços, criatividade e apresentação."

Muito curta?

Aqui está outra missão, sem um grama de enrolação, que diz muita coisa:

"A missão da *Southwest Airlines* é dedicar-se a mais alta qualidade na prestação de serviços aos nossos clientes, de forma calorosa, amigável, orgulhosa e de acordo com o espírito da empresa."

Outro exemplo ótimo:

"Ajudamos as pessoas a comprar e vender praticamente tudo que existe no mundo." — eBay

E nosso favorito:

"Fazer as pessoas felizes." — Walt Disney

Isso mesmo.

Agora é a sua vez. Prepare-se para quebrar a cabeça e gastar um bom tempo em profunda meditação para cristalizar sua missão pessoal. De maneira intencional, honre-se com essa tarefa centrada e esclarecedora. Aceite o conceito japonês do *kokoro ire*, a colocação do seu coração, mente e espírito — tudo de você — na preparação. Como na cerimônia do chá, na qual o simples ato de servir e tomar o chá não é simplesmente o ato estético que acontece na sala de chá, mas um ato centrado e artístico da existência de alguém, sua visão é a arte aplicada do seu ser. Não considere sua visão como algo muito distante; ao aproximá-la intencionalmente, sua visão se transforma na sua missão. Como um *zen-empreendedor*, use sua mente alerta para dar forma à sua visão, dando ouvidos ao eco do seu destino. Olhe para dentro para sair em sua jornada de grandeza. Isso não é um exercício acadêmico, mas uma dinâmica vital de afirmação do seu ser.

Imagine... Acredite... Conquiste.

Comece realizando o casamento místico entre sua visão e sua missão, criando uma forte e espirituosa declaração de determinação — seu futuro preferido. Estabeleça sua base e seja claro quanto ao que defende, ao que quer ser, fazer ou conquistar. Depois, dê ênfase às diferenças e atributos duradouros de sua empresa, serviço, idéia ou produto, sem nunca perder de vista o que o futuro pode trazer. Se os pontos mais importantes da sua declaração de visão-missão demonstrarem energia, vitalidade, paixão e inteligência, você terá criado o elemento mais crucial para vender seu sonho. Por favor, coloque o livro de lado e pense sobre o que será necessário para transformar sua visão na sua missão. Respire fundo, usando o tempo que tem agora para pensar muito bem nisso, enquanto ainda está tudo fresco na sua cabeça. Apenas garanta que seja algo que mexa com você. De verdade. É tudo o que pedimos. Isso, e apenas mais uma coisa:

Que seja algo com que se importe.

Em um mundo que tem sido tão brutalmente maltratado, importar-se é algo com o que deveríamos nos importar cada vez mais.

CONHECIMENTO

知識

Zhishi

*O brilho de um dragão só perde
para o das estrelas no céu.*

8 | ESTRELA D'ALVA: ACENDA A LUZ

Nunca abra mão da maravilha. Nem da vontade e da percepção eterna de que o conhecimento é o oxigênio do sucesso. Em um mercado dificultado por desafios e obstáculos, o conhecimento é o suspiro animador que traz o cosmo para perto e permite que você se agarre às possibilidades e promessas que o esperam.

Nada importa mais.

Os mestres ensinavam a seus estudantes guerreiros que aqueles que não nasceram dragões podem se tornar dragões por meio de uma transformação real. Lembre-se disso. Uma das lições inesquecíveis que podem ser aprendidas em qualquer empresa de sucesso é a grande ênfase dada às contínuas transformações por intermédio da perpetuação do conhecimento, das habilidades, dos talentos e dos recursos. Cresça com o saber ou fique cego com o brilho dos outros.

Vamos a alguns exemplos.

Você tem um celular? Todo mundo tem um (credo!). Se teve um há alguns anos, provavelmente era um Motorola. Eles eram, indiscutivelmente, o número um em vendas. Possuíam a tecnologia analógica. De volta à pergunta: você tem um celular? Se tem, qual é? Pense por um segundo. Muito bem, todos juntos agora...

Nokia.

Certo! Enquanto a Motorola pensava que era mais esperta que todos, a Nokia, uma pequena empresa de botas de borracha, aprendia as maravilhas da tecnologia digital sem fio. Naquela época, a Motorola pensava que sabia tudo. O que sabem agora é que a maior parte do mundo que fala no celular o faz por meio de aparelhos Nokia.

Alguns fazem acontecer. Outros observam o que acontece. E alguns ficam tão distraídos que não sabem o que aconteceu.

A estrada dos negócios está cheia de ruínas, de pessoas que acreditavam que o sucesso de um sonho ocorre por meio de conquistas e vitórias, e não pela experiência da aprendizagem contínua. Isso é uma vergonha. Pergunte ao dono da Apple, Steve Jobs, quem deixo de ver que seria inteligente licenciar o sistema operacional do Macintosh para outras empresas. Busque os magos invencíveis do K-mart, que pensavam que sabiam tudo e depois descobriram, tarde demais, que estavam sendo empurrados ladeira abaixo pelo Wal-Mart. E caíram do penhasco.

O mundo é perigoso.

Você não pode ficar parado. Precisa colocar as cartas na mesa e pegar o máximo de ases que conseguir para manter-se à frente dos concorrentes. Sua habilidade afiada determina tanto a sua adaptabilidade como a sua capacidade de reagir e responder às incertezas diárias e às exigências de um mundo cheio de mudanças e desafios. Estar disposto, consciente e trabalhar duro não é o suficiente. Negligenciar a importância da necessidade de possuir um acúmulo de conhecimento em expansão é uma paralisia auto-infligida que o levará à ruína e ao fracasso, e disso o mercado está cheio.

Construir o sucesso requer mais do que uma forte crença no seu sonho; requer uma crença ainda maior em si mesmo. Uma crença de que se armar com as glórias da clareza contínua e do conhecimento refinado é o caminho certo para lucros constantes e superioridade na concorrência. Cada pedaço de conhecimento conduz ao próximo. Grandes *insights* surgem de fatos descobertos recentemente. Para conseguir sucesso ao vender seu sonho, você precisa continuar a expandir seu conhecimento. É responsabilidade do *zen-empreendedor* alimentar não apenas o crescimento do negócio, mas de si mesmo. Cultive seu talento, melhore suas

CONHECIMENTO

habilidades, acumule mais e mais conhecimento, nunca hesitando em buscar saber mais. Garantimos a você que a sabedoria é um peso fácil de se carregar.

Os chineses tem um ditado: "Vivamos em tempos interessantes". Exatamente. Em toda a história humana os negócios nunca mudaram tanto como agora. Como vimos no caso da bolha pontocom, mesmo tendo milhões para iniciar seu negócio, sua grande idéia ainda pode se tornar um fracasso ou morrer jovem, sem o conhecimento total exigido pelo mercado de hoje, com uma demanda por produtos e serviços inovadores. A falta de experiência, e não de capital, é responsável por quase 90% dos fracassos empresariais. Para ter sucesso, você precisa continuamente aprender, procurar, descobrir e atualizar o conhecimento e as habilidades que permitirão que siga em frente e lute com o desconhecido. Os antigos adoravam dizer que, se você sabe que não sabe tudo, então sabe tudo o que precisa saber. Sendo um novato ou um veterano nos negócios, é essencial fazer tudo o que puder para saber o que sabe e o que não sabe, consciente de que saber tudo isso não será suficiente.

É aí que está o problema.

Porque muito poucos entendem isso. Geralmente, muitos têm certeza que possuem todas as ferramentas necessárias para construir seus sonhos, esquecendo-se de tirar vantagem da aceleração que os tesouros do conhecimento contínuo podem trazer. Expandir seu conhecimento e organizar sua sabedoria e suas habilidades o ajudarão a enxergar além das incertezas e confusões que podem afetá-lo, limitando o seu sucesso. Veja: *zen-empreendedores* são feitos, não nascem prontos. A única realização compartilhada por todos eles é o intenso desejo de saber mais, de respeitar a eterna necessidade de se tornar melhor amanhã do que é hoje. O *I Ching* valoriza a idéia de que o segredo para uma ação bem-sucedida é a continuidade. Seja ávido por um crescimento pessoal permanente. Tenha humildade e um coração simples, necessários para identificar o conhecimento e as habilidades que estão faltando para vender o seu sonho com confiança e competência. Por favor, reconheça que essa é uma estratégia ótima, prática, duradoura, necessária e essencial para as complexidades de ter e dirigir uma empresa de sucesso, lembrando-se de que muitos empresários bem-sucedidos podem não ser bem conhecidos, mas são bem recompensados.

Não seja o presidente ou o CEO de sua empresa e sim o CLO — *Chief Learning Office* (diretor de aprendizado).Torne-se o glorioso e talentoso líder da "Eu Ltda". Reconheça que a melhor coisa para obter conhecimento é saber onde e como encontrá-lo. Assine revistas especializadas e listas de discussão online. Leia os cadernos dos jornais do setor. Visite feiras. Escute fitas enquanto você está na rua. Converse com pessoas que têm negócios similares. Aprenda com as experiências deles. Assista a aulas, palestras e conferências que possam lhe ensinar informática, idéias de marketing e outras habilidades ocupacionais. Faça parte de associações. Navegue pela Internet em busca de informações. Investigue estratégias eficientes e princípios de sucesso. Estude o mecanismo da gestão empresarial.

E leia, leia, leia todos os livros que encontrar nas prateleiras.

Isso não é um trabalho cruel, e é algo que Ron e eu imploramos que faça. Leia um novo livro por semana. Escolha assuntos e autores que possam ajudá-lo a revelar sua mentalidade e alimentar seu espírito *zen-empreendedor*. Qualifique com atributos, atitudes e habilidades. Descubra uma direção. Desenvolva uma direção. Torne-se um conhecedor da capacidade. Um catalisador de mudanças. Prepare-se para ousar. Obter sucesso é um ato de exploração. Um compromisso com uma das melhores causas: aquela que pode colocá-lo no topo do mundo.

Você deve estar pensando que, com tudo o que vem acontecendo, não é possível encontrar tempo para esse tipo de coisa. Entenda que, enquanto você não consegue encontrar tempo, uma outra pessoa consegue. Seus concorrentes, talvez. Concorrentes que vivem no mesmo planeta, mas que têm a convicção de que os livros são algo que pode mudar suas vidas.

E destruir seu lugar no mercado.

O sucesso dos *zen-empreendedores* é resultado do uso da vontade de se transformar, crescer e evoluir, sabendo que podem ajudar a transformar o mundo de hoje naquilo que ele pode ser. Mas a humildade precisa vir na frente. Albert Einsten, que era muito mais inteligente que todos nós, disse: "Quanto mais aprendo, mais percebo que não sei". Você precisa mergulhar de cabeça no processo. O marketing do seu sonho é, acima de tudo, um estado de espírito. A sabedoria, e não o dinheiro, é a moeda essencial para vencer com sua idéia. Admita seus pontos fracos e suas deficiências — seu calcanhar de Aquiles. Depois, dê a si mesmo a capacidade de colocar um relâmpago dentro de uma garrafa. É de extrema importância que você faça tudo o que puder para arrumar suas moléculas e torná-las a rica e brilhante tapeçaria que pode — e vai — levá-lo a brilhar com as estrelas.

Busque conhecimento. Por favor.

Nunca apostamos contra a sabedoria, e não vamos começar agora, então o que lerá a seguir é algo comum no mundo dos negócios que esperamos que já conheça. Se não conhece, deveria. Uma boa parte são coisas básicas, que seus concorrentes já sabem. De qualquer forma, é uma boa maneira de medir seu conhecimento enquanto mantém em mente que vender seu sonho não é para aqueles que buscam águas rasas — é natação para adultos. Reserve alguns minutos para ler as páginas a seguir, para que elas possam ajudar, melhorar ou aperfeiçoar sua aptidão. Ron e eu temos algumas coisas a fazer, portanto, encontraremos com você no começo do próximo capítulo.

TIPOS DE EMPREENDIMENTOS

(Ou você está no negócio ou não está.)

Empresa Individual — A maneira mais fácil e mais barata de começar uma empresa. De forma simples, uma empresa individual é um negócio para o qual não precisa criar uma entidade legal separada. Você faz funcionar por meio do seu próprio nome ou de um nome criado para ela. Precisará pagar algumas taxas para obter o registro do nome da empresa e do nome de fantasia, além de outras licenças necessárias. Essas taxas são mínimas se comparadas às de outros tipos de negócio, porque são necessários menos documentos. O bom da empresa individual é que você é o único dono da empresa e pode tomar todas as decisões sem consultar ninguém. Os lucros são somente seus. O lado negativo é a possível repercussão resultante de você não ser capaz de traçar uma linha entre suas obrigações financeiras pessoais e empresariais. Se o negócio falir, os credores poderão ir atrás das suas propriedades pessoais. Para o governo, todos os impostos são responsabilidade sua.

Sociedade — Qualquer negócio que envolve duas ou mais pessoas como proprietárias. Há diferentes tipos de sociedades, mas as três mais comuns são a sociedade comum, a limitada e a joint venture. Da mesma forma que na propriedade individual, não é possível fazer nenhum tipo de separação entre as obrigações empresariais e pessoais. Todas as decisões e responsabilidades legais são divididas entre os sócios, a menos que haja algum acordo diferente. É essencial que, quando uma sociedade estiver sendo formada, um contrato social seja assinado pelos sócios com o apoio de um advogado experiente na área para evitar quaisquer problemas futuros. Esses contratos são bastante complicados e, se não forem redigidos corretamente, podem causar muitos problemas. O contrato deve incluir o quanto cada sócio investiu, a divisão de lucros e prejuízos, o salário ou remuneração dos sócios, restrições de autoridade e gastos, duração da sociedade, previsões para mudanças ou dissolução da sociedade e acordos para distribuição de bens em caso de dissolução. As taxas para esse tipo de burocracia são mais altas que aquelas gastas na empresa individual.

Sociedade Limitada — Mais complexa que uma sociedade comum, a sociedade limitada determina a responsabilidade do sócio pela extensão do seu investimento. Quanto maior o investimento, maior a autoridade para tomar decisões dentro da empresa.

Joint Venture — É uma sociedade baseada no tempo. Dois ou mais sócios se associam por um período de tempo. Quando o tempo acaba, a sociedade é dissolvida.

Corporação — Mais cara para organizar do que as já citadas; é possível abrir esse tipo de empresa sem um advogado, mas uma ajuda legal e contábil é necessária. Ao criar uma corporação, você passa a ser uma entidade diferente do seu negócio. Isso significa que a empresa precisa de contratos, paga impostos e fornece um escudo contra a responsabilidade legal individual para seus donos, exceto nos casos de fraude. O controle depende da quantidade de ações, e não do número de acionistas. Quem tiver o maior volume de ações controlará a empresa. Com 51% das ações, um indivíduo ou um grupo pode tomar decisões políticas.

Abastecedor de Alma — Alguém que tenta estudar e praticar. Vive uma vida na qual a centelha criativa, a iluminação interna do espírito, o talento e a singularidade são colocados em movimento, incentivando o crescimento que enriquece não apenas sua vida mas também a dos outros. Além disso, é alguém que faz da própria vida algo nobre e rico, apenas por viver um sonho específico. A vida de um *zen-empreendedor*.

PLANO DE NEGÓCIOS

(Falhar no planejamento é planejar a falha.)

Um plano de negócios é uma ferramenta comunicativa que transmite suas idéias, pesquisas e planos para os outros. Deve listar suas metas e objetivos e a maneira como serão conquistados. Também inclui o conceito, o sumário e a descrição do negócio, o ambiente e as oportunidades de mercado, os concorrentes relevantes, as condições específicas do setor, informações financeiras, suposições e projeções. Um plano de negócios pode ter qualquer número de páginas, dependendo do que for necessário para passar a mensagem completa.

ESBOÇO DO PLANO DE MARKETING

(Se não tiver um plano por escrito, não tem plano nenhum.)

Visão de Marketing — Uma breve descrição ou sinopse dos seus objetivos básicos, incluindo as ações principais para atingir as metas estratégicas de venda do seu serviço, produto ou idéia para o mercado-alvo.

Estatuto da Empresa — A filosofia da sua empresa. O quê e o por quê da sua empresa. Quem você deseja servir e por que pretende servi-los. Uma curta e direta descrição sobre como sua empresa será conduzida.

Objetivos — Uma visão geral de objetivos de marketing, das ações, do crescimento e das metas de venda que pretende alcançar em um determinado período de tempo.

Definição do Mercado — Um perfil do que é o mercado, identificando as necessidades do mercado-alvo e como seu serviço, produto ou idéia vai atender e satisfazer essas necessidades. Defina todos os aspectos do mercado e inclua todas as informações demográficas pertinentes, como o escopo do mercado, o tamanho, o potencial de crescimento e a longevidade.

Definição do Produto — Uma sinopse detalhada do seu produto, serviço ou idéia, e sua proposta de sucesso: por que e como vai satisfazer as necessidades e os desejos do mercado? Que vazio preencherá? É algo inovador? O que ele tem de singular e diferente? Como o que você faz ou tem pode ser claramente diferenciado dos seus concorrentes? Como vai obter maior aceitação que a concorrência? Como fará para ser escolhido pelos clientes no lugar dos seus concorrentes?

Análise da Concorrência — Quem são seus concorrentes? Como você se compara a eles em preço, qualidade e serviço? Defina as oportunidades que vê. Por que acha que pode competir com eles? Quais são os pontos fracos e os pontos fortes da concorrência? Que pontos fracos pretende explorar? Discuta seus planos para superar os pontos fortes deles e os seus pontos fracos.

Medida Estratégica — Uma discussão de como vai analisar e avaliar o desempenho do seu plano. Uma agenda com uma cronologia pré-definida de quando analisar seu progresso, o tamanho de seu cliente ou de sua base de clientes, sua situação fiscal. Internamente, quais são seus pontos fortes e pontos fracos? Defina todos os problemas ou oportunidades estratégicas que existem. Uma boa idéia é revisar trimestral ou mensalmente. Isso permitirá que você quantifique e meça o sucesso do seu plano e facilitará quaisquer ajustes ou mudanças na sua estratégia geral.

Plano de Ação — Um plano detalhado que descreva como vai atingir suas metas e objetivos. O que será necessário e como fará para conseguir? Quanto tempo demorará para ver um resultado mensurável? Identifique os recursos humanos e financeiros de que precisará.

Orçamento — Um relatório realista dos custos necessários para a implementação do plano de ação. Aquilo que acredita ser necessário para o sucesso da empresa. Descreva como o dinheiro será usado para desenvolver cada aspecto do plano. Inclua um item para despesas gerais.

LINGUAGEM MODERNA

(*Uma palavra ou duas podem levar a milhares de coisas diferentes.*)

Chat — Programa para conversar com as pessoas em tempo real, pela Internet, não importando onde estejam.

Domínio — O endereço ou "URL" de um site. É o www que pode terminar com .com, .org, .edu, entre outros. Muitas empresas podem ser encontradas apenas com o nome da empresa seguido pelo prefixo .com.

Download — Transferir dados de um computador para outro ou da Internet para o seu computador.

Endereço — Onde está o site na Internet.

E-mail — Correio eletrônico que contém mensagens, fotos ou arquivos.

Favoritos — Uma maneira de marcar e salvar os seus sites favoritos e mais visitados na Internet, para que possa voltar a eles sem ter de digitar o endereço.

Firewall — Uma parede protetora entre um computador, ou uma rede deles, e a Internet.

Hardware — Tudo o que você pode ver e tocar no computador; por exemplo, o monitor, o teclado e o mouse.

HTML — *HyperText Markup Language*. A linguagem-padrão usada para criar sites.

HTTP — *HyperText Transmission Protocol*. A linguagem-padrão para a comunicação entre clientes e servidores na Internet. Os endereços dos sites geralmente começam com http://.

Java — Uma linguagem de programação usada para criar animações, sons e outros efeitos para um site.

JPEG — *Joint Photographics Experts Group*. Formato de arquivo para exibir fotos na rede.

Modem — Um *hardware* que permite uma conexão entre seu computador e a Internet por meio de uma linha telefônica.

Navegador — O programa que acessa as páginas e informações na Internet, como por exemplo o *Microsoft Internet Explorer* e o *Netscape Navigator*.

Página de Abertura — É a primeira página que você vê quando se conecta à rede.

Plug-ins — Programas especiais que lhe permitem tocar áudio e exibir vídeo. Podem ser encontrados para *download* na Internet.

Provedor — Uma empresa que vende o acesso à Internet, normalmente cobrando uma taxa mensal.

Sites de Busca — Pela digitação de palavras-chave, esses sites permitirão que você localize um grande número de sites e informações disponíveis na Internet.

Software — Partes do computador que você não consegue ver, como por exemplo, os códigos e instruções que fazem o *hardware* funcionar.

URL — *Uniform Resource Locator.* O endereço do site é, geralmente, chamado de URL.

Webmaster — O administrador responsável pelo design e manutenção do site.

SITES ÚTEIS

(*Solucões gratuitas*)

Bizmove.com — www.bizmove.com. Um recurso útil, com informações e técnicas para guiar a sua empresa. Em inglês.

Business Nation — www.businessnation.com. Ótimos conselhos para começar, fazer crescer e administrar um negócio. Em inglês.

Entrepreneur.com — www.entrepreneur.com. Oferece informação, serviços e ótimos conselhos para que iniciantes e pequenas empresas tenham sucesso. Em inglês.

Entreworld.org — www.entreworld.org. Nomeado pela *Fast Company*, pela *Forbes* e pelo *USA Today* como a melhor fonte de recursos online para pequenas empresas. Em inglês.

Garage.com — www.garage.com. Simplesmente um ótimo site para ajudá-lo a construir um ótimo negócio. Em inglês.

Marketing Today — www.marketingtoday.com. Conselhos e estratégias de marketing. Em inglês.

Name Stormers — www.namestormers.com. Aconselhamento gratuito para ajudar você a criar nomes para seus produtos e serviços. Em inglês.

Partners for Small Business Excellence — www.smallbizpartners.com. Ótima fonte para ajudá-lo a criar, desenvolver e fazer crescer sua empresa. Em inglês.

CONHECIMENTO

Smartbiz.com — www.smartbiz.com. Cheio de recursos para ajudá-lo a administrar sua empresa. Em inglês.

U.S Patent and Trademark Office — www.uspto.gov. Informações gerais, busca de marcas registradas e mais. Em inglês. (No Brasil: INPI — Instituto Nacional de Propriedade Industrial — www.inpi.gov.br)

Verio Business Center — www.yourcompany.com. Planos de marketing, de negócios e artigos sobre planejamento. Em inglês.

Wall Street Journal — www.startup.wsj.com. Ajuda interativa e amostras de planos de negócios para iniciantes. Em inglês.

Web Wizards — www.webwizards.com. Tudo para começar seu site e colocá-lo na Internet. Em inglês.

Yahoo! Small Business — http://smallbusiness.yahoo.com. Muita informação.

Young America's Business Network — www.ybiz.com. Uma rede de informações de negócios para jovens empreendedores. Em inglês.

TERMOS COMUNS DA ÁREA

(Por assim dizer.)

Ano Fiscal — Qualquer período de doze meses usado como período fiscal.

Balanço — Um relatório financeiro que mostra o ativo e o passivo da empresa numa período específico.

Ativo Fixo — Um ativo adquirido para uso em longo prazo, como máquinas e equipamentos.

CNPJ — Cadastro Nacional de Pessoa Jurídica. Um número que identifica a empresa perante o Governo e a Receita Federal.

Contas a Pagar — O que uma empresa deve a seus fornecedores e a outros credores em um determinado momento.

Contas a Receber — A quantidade devida à empresa por seus clientes em um determinado momento.

Contrato — Já aprendemos. Mas ainda assim, você precisa saber que contratos podem ser complexos se não forem redigidos e executados corretamente ou podem não ter valor. Contratos precisam ser analisados por um advogado.

Depreciação — Diminuição do valor dos equipamentos usados pela empresa ao longo do tempo. Provoca redução nos impostos.

Despesas Gerais — Despesas da empresa separadas dos bens particulares ou serviços produzidos.

Entrega Direta — Entrega feita diretamente do fornecedor ao usuário.

Período Fiscal — Período de tempo (mês, trimestre, semestre ou ano) para o qual um demonstrativo financeiro é produzido.

Ponto de Equilíbrio — Ponto em que o valor de venda é equivalente aos custos operacionais.

Relatório de Lucros e Prejuízos — Relatório de receitas e despesas e o lucro ou prejuízo resultante.

Fazer o bem

善
行

Shanxing

*Um dragão verdadeiro
transforma ações em coisas boas,
e coisas boas em tarefas.*

9 | TOME PARTIDO: SEJA CUIDADOSO

Sair-se bem ao fazer o bem.
Busque em qualquer lista de credos dos *zen-empreendedores*, e verá essa maravilhosa frase. Para ter ainda mais certeza dela, você precisa apenas aceitar que há uma interconexão que permeia o universo. Que tudo na natureza e na vida é simplesmente uma ação contínua. Que toda ação cria uma mudança, e toda mudança cria uma ação, o que acaba por criar uma grande avalanche de mudanças, resultando em uma experiência universal de unidade plena. Existimos em um relacionamento com tudo e com todos. Nada nem ninguém pode ter sucesso independentemente do resto. Quaisquer que sejam nossas atitudes, condutas e pensamentos, tudo isso influencia o que nos cerca, nossas circunstâncias, nossa situação e, eventualmente, nosso futuro. É por isso que um *zen-empreendedor* tem a consciência de que, ao ajudar os outros, ajuda a si mesmo.

Sair-se bem ao fazer o bem.

E já que fazer o marketing do seu sonho exige mais do que palpites e orações, o que queremos explicar é como o poder do "quase marketing" pode ofuscar os recursos do "marketing real". O bombardeio constante para que as pessoas sejam competitivas nunca foi tão grande como agora. Tentar escapar dele não é fácil. Mesmo com muito dinheiro, as empresas estão encontrando cada vez mais dificuldades para superar as propagandas de seus concorrentes. Mas ao aliar seu negócio a uma causa social, ao serviço comunitário ou à caridade, é possível evitar muitas das faltas cometidas pelo mercado, diferenciando-se da concorrência pela criação de um elo emocional ou até espiritual que ressoe, capturando a atenção dos clientes. E incomoda.

Como dissemos antes — por favor, acredite em nós — a chave para o sucesso triunfal nos negócios é praticar a sua paixão. Ahhh... mas a chave para conseguir o verdadeiro sucesso na vida é praticar *a compaixão*. Enquanto a paixão é o meio principal de obter sucesso, a grande verdade é que aqueles que conquistam uma vida gloriosa também têm um grande sentimento de compaixão. Quando falamos em compaixão, nos referimos a uma preocupação com o bem-estar dos outros e a uma busca por oportunidades, iniciativas e ações que melhorarão a condição humana.

Uma pesquisa recente mostrou que oito em cada dez americanos preferem fazer negócios com empresas comprometidas com uma causa e que dois terços dos consumidores dizem que trocariam uma marca, loja ou serviço por outro que estivesse associado a uma boa causa ou que fizessem contribuições positivas para a comunidade e para suprir as necessidades dos outros. A razão é simples:

Isso faz com que nos sintamos seres humanos melhores.

Sinceramente, não entendemos por que mais empresas não saem de seus mundos hermeticamente fechados e comprometem-se com boas causas. Criar uma aliança de benefícios mútuos com uma causa social fará uma grande diferença em um mercado abarrotado e o ajudará a demonstrar uma grande conscientização, a conquistar corações e mentes, e talvez colocá-lo acima de seus concorrentes, ao contribuir com seu tempo, serviço, produto ou doações de maneira socialmente responsável.

Sair-se bem ao fazer o bem.

Preste bons serviços, transmita boa vontade. Crie uma experiência que torne a vida melhor de alguma maneira, ainda que pequena. Faça sua empresa ser mais relevante àqueles que decidirão o destino dela. Saia e descubra o que é importante para aqueles que quer agradar, que problemas rondam suas vidas, que preocupações unem vocês. Faça das vontades, valores e sonhos de melhorar deles o catalisador para aquilo que pode ser conquistado por meio de uma nova maneira de fazer negócios. Os clientes podem não ter a sua coragem para se tornar um *zen-empreendedor*, mas anseiam por fazer diferença no mundo. Ajude-os a ajudar os outros. Dê às pessoas comuns a oportunidade de se envolver em coisas extraordinárias. Comprometer-se com a caridade, com uma causa ou preocupação comunitária o ajudará a atrair novos clientes, demonstrar lealdade, construir relacionamentos lucrativos de longo prazo e criar um ótimo boca a boca, sem contar o mais importante, que é:

Ao ajudar a mudar a vida de outras pessoas, também mudará a sua vida.

Sua fé no bem pode criar um mundo diferente, que ajude as pessoas decentes que sofrem privações. Saiba que todos os problemas que existem fora de nós têm uma solução dentro de nós. E lembre-se que um *zen-empreendedor* tem a sabedoria de nunca deixar de ajudar aqueles que precisam.

Comprometa-se a praticar a generosidade e a ter boa vontade. Ao se comprometer em fazer do mundo um lugar melhor, sua benevolência voltará multiplicada para você e preencherá seu coração e sua alma. Pedimos que abandone a rotina e aquilo que é elementar, desafie o pensamento convencional e esteja ansioso para viajar nesse caminho revelador e recompensador que é o do marketing da compaixão e da empatia. Não estamos sugerindo que ofereça seu serviço ou produto em torno de uma consciência social, mas que ao menos tenha uma. Ao se tornar um poderoso veículo de promoção de compreensão e consciência de assuntos sociais, ao se dedicar à lógica de uma exploração contínua da sua interconexão com todas as coisas e todos os seres, ao reconhecer seu relacionamento inato com o planeta, a sociedade, os clientes e todos com quem lida, seu empreendimento transcenderá.

Na The Republic of Tea, incorporamos a antiga filosofia chinesa do *Tashun*, a Grande Harmonia, em que as pessoas naturalmente se importam com o mundo e dependem umas das outras para o bem-estar do todo. Na nossa pequena terra, colocamos esse ideal harmonioso num alto patamar, dando uma importância extraordinária a assumir uma responsabilidade moral e social, contribuindo com nosso tempo e dinheiro para muitas das preocupações de nossos cidadãos. No centro de nossa dedicação a mudanças positivas está a nossa percepção de que o futuro depende de nossas crianças. Acreditamos que é importante assegurar que as crianças recebam amor, apoio e educação necessários para se tornarem adultos confiantes, bem-sucedidos e felizes. Dessa forma, dedicamos uma parte das vendas do nosso chá *Panda Berry* para apoiar o *Sunny Hills Children's Garden* e seus programas de tratamento e ajuda a crianças que sofreram abuso ou negligência. Doamos parte das vendas do nosso *Global Tea Collection* para a organização não-governamental *The Nature Conservancy*, que prega que somos todos guardiões da Terra e que devemos trabalhar para proteger e preservar o meio ambiente.

E é com orgulho especial que anunciamos o sucesso do nosso chá *Sip for the Cure*, que criamos para a *Susan G. Komen Breast Cancer Foundation*, conhecida por suas corridas pela cura e tida como a maior fundação dos Estados Unidos na luta pela erradicação do câncer. Esse chá é um tesouro, pois permite que façamos diferença nas vidas de cerca de 194 mil mulheres diagnosticadas anualmente com câncer de mama. Na China, há um famoso ditado popular que diz que "à mulher pertence metade do céu". Apreciamos esse ditado na nossa república, uma vez que esse chá maravilhoso tornou-se um refúgio para uma realidade dura. A cada gole do nosso chá *Sip for the Cure*, você será recompensado por saber que a The Republic of Tea doa 75 cents da venda de cada lata diretamente para a fundação, a fim de ajudar em pesquisas avançadas, educação, exames e tratamentos. Para falar a verdade, é sempre inspirador assinar os cheques. Mas também é triste. Mas é tão tocante e real saber que podemos fazer a diferença na vida de milhões de mulheres e nas vidas daqueles que as amam, que nossas mãos parecem ter vontade própria quando pensamos na coragem e na força que ajudamos a conquistar com nossas doações. Talvez você não saiba disto, mas é verdade: quando permite que a energia inspiradora da bondade faça parte dos seus lucros, você se torna mais do que um vendedor de um produto ou serviço. Você se torna um fornecedor de ideais e esperanças.

Tenha certeza de que nos negócios e na vida, as pessoas precisam dessas duas coisas para sobreviver.

PERSIGA A SUA FELICIDADE

Suiyi

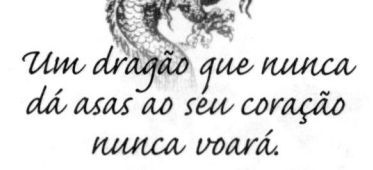

*Um dragão que nunca
dá asas ao seu coração
nunca voará.*

10 | UMA IDÉIA TEM ASAS: DEIXE-A VOAR

Não hesite, porque ficar imaginando se você tem ou não a melhor idéia com a qual se comprometer é um drama inerente que o deixará completamente louco.
Mas só se tiver sorte.

Enquanto uma idéia de sucesso pode nascer da sua mente, perceba que toda a coragem necessária para torná-la real não vem da mente. Para tornar sua idéia uma realidade visível, é preciso sair da sua imaginação e ir para o seu coração. Somente olhando para dentro de si mesmo, reconhecendo seu potencial e usando suas paixões e objetivos que você conseguirá conquistar tudo de que precisa para libertar a grande idéia da sua vida, que mudará o seu destino. Nunca é demais repetir isso para aqueles que querem se sustentar com o marketing de seu sonho. A forma como sua vida vai se desenrolar, se sua idéia vai ou não fazer sucesso, dependerá das escolhas que fizer. Escolher seguir seu modo natural de ser e sua verdadeira vocação lhe permitirá encontrar a clareza o comprometimento que moldarão e darão consistência às suas idéias e lhe darão o dom de uma vida harmoniosa.

Desperte o caminho dentro de você, coloque toda a força de seus talentos inatos, seus interesses e habilidades e todos os seus dons naquilo que o instiga. Ao mergulhar de cabeça no seu lado criativo, você se verá livre do cativeiro auto-imposto de medos, dúvidas, culpa e desculpas que o impedem de vender seu sonho. A habilidade de criar, fazer e desenvolver uma empresa por meio do marketing de uma idéia existe em cada um de nós, esperando ser descoberta. Siga o seu conhecimento interior. Preste atenção na inspiração. Ouvir a voz da sua imaginação é atrair bênçãos para sua vida e adquirir o profundo poder de seguir pelo caminho certo para você. Joseph Campbell, um notável filósofo e escritor, disse: "Persiga a sua felicidade". Gandhi disse: "Crie e preserve a imagem que escolher". E nós dizemos que decidir fazer o que ama pode mudar tudo.

Saiba que idéias bem-sucedidas não são o resultado final da sorte ou de uma força mística invisível. Elas são bem-sucedidas porque são projeções de algo que já existe e que está escondido na consciência do desejo, esperando para nascer, sendo concebido pelo coração, planejado pela mente e motivado pelo espírito. Todas as coisas criadas que hoje nos cercam começaram como um capricho da imaginação e da inspiração. Um chamado que grita para aqueles que ficam em silêncio durante um tempo suficiente para ouvi-lo. Preste atenção nas suas intenções. Aprenda a ouvir a voz daquilo que quer acontecer — envolva-se completamente com a voz interior que espera ser ouvida. A oportunidade que ela apresenta é um caminho para a auto-realização. A simbiose entre possibilidade e propósito aguarda para conduzir a criação. Criação é tudo — vida é tudo. Não há separação entre as duas. O trabalho a ser feito sempre é perseguir a oportunidade que já existe em você, removendo os obstáculos que impedem que ela aconteça, e deixar a grande idéia da sua vida voar.

Quando procura seu sonho, procura a si mesmo.

O que espera por você? O que é que lhe dá prazer só de pensar? O que estimula a sua imaginação? Qual é a idéia, produto ou serviço que quer dividir conosco e que pode tornar nossas vidas mais agradáveis e ricas? Ouse. Somente pela abertura da sua mente e do seu coração você experimentará a alegria e a satisfação de estar completamente vivo. Lembre-se novamente: enquanto os empreendedores tomam conta de uma idéia, os *zen-empreendedores* deixam que uma idéia tome conta deles. E comprometem-se com o processo dando tudo de si para se tornarem pessoas que agem para fazer diferença, transformando a visão daquilo que pode ser na visão que enxergam. Um conto de fadas.

Maxine Clark é uma amiga. É uma mulher que dá vida nova a uma velha paixão: ela faz e vende ursinhos de pelúcia. Muitos. Aos 46 anos, estimulada por sua paixão infantil por ursos de pelúcia, Maxine ouviu sua voz interior e tomou coragem para largar uma carreira bem-sucedida depois de 25 anos, com o propósito de vender seu sonho para o mundo. Sua idéia era criar um lugar para onde as crianças pudessem ir e construir e vestir seus próprios ursos. Que coisa. Uma espécie de ateliê, onde crianças de todas as idades pudessem escolher a pelúcia, escolher um *chip* que colocasse o som que quisessem no urso, pré-gravado ou personalizado; depois, o brinquedo passaria por estações que o encheriam de espuma, costurariam, dariam um nome e o vestiriam e, depois de cerca de vinte incríveis minutos, um ursinho muito fofo, e diferente de qualquer outro no planeta, teria sido criado. Iniciada na casa de Maxine em 1997, a *Build-A-Bear Workshop* agora existe em mais de 80 lojas em shoppings dos Estados Unidos, e há projetos de abrir mais 220 até 2007. Com vendas que ultrapassam os cem milhões de dólares por ano, Maxine tornou-se a maior vendedora de ursinhos de pelúcia pela Internet (www.buildabear.com), por mala direta, em lojas e canais de venda na televisão. E, como pode imaginar, graças a um trabalho exaustivo, certo?

Sim e não.

Perseguir a sua paixão é inexorável...

Se você ama o que faz, nunca trabalhará um dia sequer na vida.

Pergunte a Jonathan King. Ele também é um amigo que, como Ron e eu, é apaixonado pelos negócios que envolvem comida especializada. Há alguns anos, Jonathan apresentava suas fabulosas criações de vinagres herbais, geléias, mostardas, molhos, macarrões e maravilhosos óleos de cozinha, tudo preparado à mão, em uma barraca de uma feira agrícola que acontecia todo sábado em

Portsmouth, New Hampshire. Os produtos eram tão procurados que ele pediu ajuda a seu amigo Jim Stott para atender os pedidos, que aumentavam a cada final de semana. O dinheiro que conseguiu no primeiro verão não era nada comparado ao valor de seis dígitos que veio no verão seguinte. Hoje, King e Stott ganham mais de vinte milhões de dólares por ano, vendendo seus distintos condimentos culinários por intermédio da *Stonewall Kitchen*, uma das empresas de comida especializada mais bem-sucedidas dos Estados Unidos. É possível comprar seus produtos premiados em mais de seis mil lojas especializadas ou em suas cinco lojas — localizadas em New Hampshire, Maine e Massachussetts — e por meio de catálogo ou via Internet (www.stonewallkitchen.com). A paixão incansável pelo possível deu a eles a confiança para que seguissem seus instintos, conquistando a admiração de gastrônomos, além de algo que nenhum outro mortal jamais recebeu: o reconhecimento e os elogios da famosa apresentadora de programas culinários Martha Stewart.

É uma ótima história. Que tal mais uma? Nada muito longo, porque ainda há muito a ser dito.

Afinal, até sacoleiras têm sonhos.

Veja o caso de Katherine Brosnahan. Nascida no Kansas, foi parar em Nova York, onde conseguiu um emprego temporário na revista *Mademoiselle*. Depois de algum, chegou ao cargo de editora da seção de acessórios de moda. Aos 29 anos, Katherine parou para ouvir sua voz interior e descobriu que o que realmente queria era ter sua própria empresa. Carinhosamente, seu namorado Andy lhe emprestou suas economias como capital inicial e, com muito amor, pediu Katherine em casamento. Logo depois, em 1993, nascia uma linha de bolsas simples, elegantes e extravagantes. Kate e Andy Spade hoje dirigem uma empresa que vale 70 milhões de dólares, que se expandiu para artigos de papelaria, sapatos, maquiagem e agora para o setor de perfumes e beleza pessoal, por intermédio de uma parceria com a *Estée Lauder*. Seguindo os passos de Ralph Lauren e Calvin Klein, Kate Spade diverte-se quando vê cópias de suas bolsas à venda nas esquinas de todas as cidades do mundo. Por ser uma *zen-empreendedora*, Katherine Brosnahan percebeu, há algum tempo, a importância de ser ela mesma...

Ela sabe que um original sempre vale mais que uma cópia.

O segredo para que mais situações como essas aconteçam é: você não pode, de jeito nenhum, desistir da grande idéia da sua vida. Prestar atenção na sua voz interior e desenvolver uma sintonia com aquela idéia específica que lhe inspira um desejo profundo e faz com que se sinta incrivelmente vivo abrirá suas portas para a força que pode provocar mudanças e realizar o potencial da sua vida. Esteja alerta e seja sensível. O poder que pode tornar visível o invisível e transformar o irreal em real dentro de você. Use a sua mente, não deixe que ela o use. Concentre seus instintos. Sua visão criativa já existe. A experiência transcendental está disponível a todos nós. Ouça sua inteligência inata. O que quer que deseja ser, fazer ou ter está esperando por você e precisa de você. A grande idéia da sua vida, que é seu sonho, pode ser rejeitada, criticada e cruelmente ridicularizada, mas só será deixada de lado se você desistir. Você pode conseguir o que os outros dizem ser impossível ao simplesmente ouvir a sua intuição.

E seguir o seu coração.

Há muitas verdades absolutas neste planeta, e uma delas é que a mente nos prega peças, mas o coração não se engana. Rumi, poeta sufista do século XIII, disse que "todos foram feitos para um determinado trabalho, e o desejo por esse trabalho foi colocado em cada coração". Enquanto perguntas, confusão, medo e dúvidas são meramente mentais, as respostas para tudo que é verdadeiro residem nos sussurros intencionais do coração. Apenas quando seus olhos estiverem bem abertos para isso você verá a luz da escolha. Apenas quando calar a hesitação e a confusão da mente, poderá ouvir a voz do seu coração. E vivenciar o processo por meio do qual cada um de nós descobre o contato consciente com a nossa origem. Acredite na grande idéia da sua vida, sabendo que há uma idéia para cada momento, e um momento para cada idéia. As idéias são tão únicas quanto o indivíduo que se deixa tomar por elas. Enquanto alguns cometem o erro de desperdiçar tempo e dinheiro no processo de posicionar uma idéia no mercado, outros sabem que o sucesso vem do processo de colocar a si mesmos.

Perceba que idéias são oportunidades. Nada mais, nada menos. Repletas de promessas e de potencial, são fluidas e adaptáveis, à espera de ser trazidas à tona, catalisadoras de transformações que empurram para a frente, permitindo a concretização do tipo de sonho de que tanto precisamos nos dias de hoje. São portas para a glória e a alegria, à espera daquele indivíduo cujo momento de tirá-las da escuridão já chegou, mas, por enquanto, só nos preocupamos com você.

Então, aqui está uma última coisa que queremos que saiba...

É sempre o seu momento.

Prepare-se

自修

Zixiu

*Um dragão não pode existir
sem o treino correto.*

11 | COMECE BEM: CUIDE-SE

Para cuidar dos outros, primeiro cuide de si mesmo. Há muito que controlar durante o caminho da busca pelo sonho, mas nada é mais importante que o magnífico controle de si mesmo. Há centenas de anos, o dragão é um símbolo de manifestação e transformação. A revelação do dragão e do *zen-empreendedor* é a mesma: a grande criação de um ser decidido. Como *zen-empreendedores*, temos de acordar todos os dias prontos para uma jornada através do portal do objetivo, escolhendo construir uma vida de coragem, criatividade, determinação e bem-estar. Comece todos os dias com um café da manhã de *este é seu dia, esta é a sua hora*. Dê a si mesmo toda a vitalidade, equilíbrio e disposição de que precisa. Fortifique-se com uma poderosa plataforma física de energia ilimitada. Para despertar seu caminho e estar totalmente comprometido com sua visão, é preciso fazer com que os ensinamentos a seguir se tornem a essência do seu dia-a-dia. É preciso se cuidar para cuidar dos outros.

Algo que pode ser útil é o *Bushido* japonês, ou *O caminho dos guerreiros*. Esse sistema de códigos rígidos era seguido pelos nobres samurais e ainda se fala dele com muito respeito. Ele inclui princípios atemporais que podem oferecer ao *zen-empreendedor* iniciante um padrão de comportamento ideal que enfatiza o tipo de compromisso interno diário e constante que fará com que atinja seus objetivos e afete outros aspectos da sua vida. Ao conquistar disciplina, se preparar e se apoderar da força e da habilidade para ceder quando necessário, você aperfeiçoará sua sabedoria e tornará suas ações mais precisas. Mais importante que isso, será capaz de superar adversidades, obstáculos e fracassos. Ainda mais importante, você se tornará um mestre.

Embora as habilidades de combate dos samurais resultassem de treinos rigorosos e muita técnica, é importante saber que tanto o treino como a técnica eram completos: envolviam mente e corpo. A filosofia de "espada sem espada" era a absoluta convicção *Bushido*. A maior força era a aptidão do samurai tanto para o caminho da espada como para o caminho do pincel, atingindo uma genuína harmonia entre força e arte, corpo e mente. Por possuir uma vontade de ferro e um espírito indomável, uma consciência de seus objetivos e de seu lugar, o verdadeiro guerreiro jamais falhava, superando a maioria das dificuldades sem desembainhar sua espada — a espada sem espada.

Fazer o marketing do seu sonho e ter a vida que deseja profundamente só podem ser alcançados por meio de muito autocontrole — uma vida de confiança, determinação e ação. Como diz o *Bushido*, também precisa se comprometer totalmente com a expressão da sua habilidade. Mas entenda que querer não será o bastante. Desejar não será o bastante. Não há vontade ou desejo, há apenas a ação. Você precisa agir para dominar as circunstâncias da sua vida, ou correr o risco de as circunstâncias da vida dominarem você e de sentir o peso dela sobre você e seus sonhos, colocando-os no chão.

Pesquise sobre todas as coisas que admira — de idéias a pessoas, de produtos a serviços de sucesso — e você descobrirá que as estratégias e os princípios para o autocontrole são essenciais. O fato é que a realização profissional e pessoal é resultado de uma habilidade quase invisível de responder e conquistar por meio da integração de certos hábitos, um controle do seu mundo interior que lhe permite controlar o mundo ao seu redor. Ao adotar as exemplares regras da filosofia *Bushido*, temos o poder para fazer a diferença entre a realização e o desespero: ou você se torna um dos poucos ou definha como um dos muitos.

O fundamento principal do autocontrole é a autodisciplina. Disciplina é a semente do sucesso que germinará as raízes profundas do seu poder interior, a virtude encarnada que permite que você bloqueie todas aquelas vozes que criam tensão, insegurança, medo e dúvida, e faz com que viva uma unidade entre propósito e mente, e escute a autêntica e significativa voz do seu coração. De maneira mais simples, disciplina é manter uma promessa, é dedicar-se a si mesmo para chegar ao estado mental necessário para integrar os hábitos de conquista à sua rotina diária.

Não deixe que os outros bloqueiem a sua luz. Você precisa assumir a responsabilidade por si mesmo e os sacrifícios pela sua visão. Controlar a disciplina é deixar de lado a boa vida com a consciência do que é necessário para viver a essência da determinação diária. Afastar sua força interior do que não é importante, dirigir sua energia e seu foco para as atividades que possam fazer a diferença na conquista de seus objetivos — esse deve ser seu mantra. Desistir das coisas familiares e confortáveis da sua vida e do seu pensamento é apenas o começo. Obter a disciplina necessária, acordar um pouco mais cedo e dormir um pouco mais tarde, saber que precisa se energizar, evitar distrações como seu esporte ou sua novela, recusar um convite para almoçar com os amigos — tudo isso são apenas alguns dos sacrifícios que terá de fazer para manter o autocontrole necessário para cumprir seu planejamento. As necessidades e os desejos de uma empresa exigem consciência, atenção e importância. Uma presença total no aqui e no agora. Disciplina é o que vai protegê-lo das tentações da complacência, mediocridade, autopiedade, tédio e de fugir das responsabilidades. É um compromisso consciente de assumir iniciativas e comportamentos positivos. Disciplina é uma arte de vida. É uma arte de conquista que permitirá que você se mantenha concentrado e no controle, dando os passos substanciais para realizar a sua mais alta visão.

Um exemplo que pode ser útil é a sensibilidade simbólica que o *zen-empreendedor* encontra nos poéticos avisos quando passeia pelos mais belos jardins do mundo. As palavras nos avisos são mais um guia que uma direção, e oferecem clareza e confiança ao declarar:

— Não saia do caminho.

Claro que não! Que ensinamento verdadeiro. Apegue-se aos ritmos e métricas enlevados das suas aspirações, possuindo a confiança interna e a intenção necessárias para não sair do caminho, vire-se de frente, encaixando suas metas na sua missão de ser agraciado com o sucesso.

Quando olhamos por uma lente de aumento, descobrimos que o maior impedimento do sucesso é você mesmo. Use a força de uma mente disciplinada como o catalisador que ativa as condições da mudança. Se não tiver o conhecimento ou a habilidade para transformar, pode dedicar sua energia para adquiri-los. Se não tem o dinheiro necessário para continuar com a sua idéia, você encontrará uma maneira, ou começará com um orçamento apertado. Se não tiver o apoio das pessoas próximas, concentrará uma nova coragem para superar esse obstáculo. Se seu sonho é grande o suficiente, as circunstâncias não importarão. O segredo é dar poder a si mesmo. Assuma a responsabilidade pessoal de gastar energia para realizar as tarefas necessárias para a realização do seu sonho. A energia direcionada da intenção precede e inicia a transformação que deseja. Ao se entregar ao processo, sentirá um aumento no ritmo, vivenciando o grande poder que surge quando você alinha suas ações a seus propósitos.

Torne-se um adepto da preparação para a prática. O marketing dos seus sonhos exige muito esforço; é necessário muito mais do que a habilidade de vender um produto ou serviço. Você precisa ter conhecimentos de administração, contabilidade, organização, tecnologia e das inúmeras habilidades comerciais, abrangendo uma enorme quantidade de planejamento e competência, tarefas que o desafiarão e o forçarão até os limites do seu aprendizado. Não importa. A mente de um *zen-empreendedor* não tem limites, seu potencial é incansável. No momento em que compreende que o cérebro não limita a mente, você se liberta para tornar o seu sonho uma realidade radiante, vivenciando a maior alegria que conhecerá.

Alcançando o divino.

Mas perceba, por favor, que ao aceitar a missão de vender seu sonho, não será mais capaz de ficar em casa e descansar. Ao resolver um problema, ficará seguro por apenas um instante, porque será sempre presenteado com mais uma confusão, e a luta começará outra vez. Saiba que os altos e baixos são algo absoluto na experiência diária de uma empresa. Entenda os problemas como convites para desenvolver novos padrões de controle e comportamento. Olhe para eles como uma oportunidade de perseverar e transformar a si mesmo e àquelas circunstâncias imprevisíveis que oferecem desafios sem se importar com quaisquer planos que tenha feito.

Quando o mundo se torna muito pequeno, ou demais para você, continue persistindo. Saiba que, para persistir, você precisa ter forças para ceder, para mudar o curso quando necessário. Espelhe-se no movimento da água. Não há outro elemento que ceda tanto e tão suavemente quanto a água, mas ela é ainda capaz de superar o mais duro e mais forte obstáculo que encontrar pelo caminho. Seu poder inato, para o qual não é necessário muito esforço, é tão grande que pode mudar qualquer coisa com a qual entre em contato, afastando as rochas mais duras ou enferrujando o aço mais forte. Fluida e flexível, a água segue seu caminho por cima, por baixo ou pelo meio, mudando sua direção livremente. Não há nada que a água não possa superar e, ainda assim, ceder é algo que faz parte de sua natureza. Rio ou riacho, a água tem o poder incansável de transformar e reestruturar qualquer coisa que se coloque em seu caminho. Assim como você. Saiba que também tem a profundidade e a capacidade para navegar pela maré inesperada de obstáculos, com o espírito atento, transformando o risco em oportunidade, a derrota em vitória. Encarar os problemas e desafios com otimismo e força moderada é uma ferramenta poderosa para transformá-los. Mas para fazer tudo isso e mais, você precisa, a cada novo dia, antes de qualquer coisa, tratar de se cuidar.

Em outras palavras, a saúde importa!

E muito.

Dito de maneira simples, a constituição de um *zen-empreendedor* é ser saudável. Manter o ritmo com a realidade e o crescimento, atender às complicadas e difíceis exigências de abrir um negócio e vender uma idéia, produto ou serviço requer que esteja física e mentalmente saudável. Sua visão do futuro deve incluir uma perseguição consciente da sua saúde pessoal, uma decisão intencional de adotar uma filosofia que englobe e integre os princípios da boa saúde, do equilíbrio e do bem-estar. Para o organismo funcionar de maneira mais eficiente e ter as reservas de energia para se manter criativamente envolvido com paciência, persistência e penetração emocional, você precisa assumir a responsabilidade de se cuidar. Porque a saúde é para o corpo o que o lucro é para a empresa. O que seria de um sem o outro? Se alguém lhe mostrar uma lista dos atributos necessários para lidar com os desafios de vender seus sonhos, não passe para o segundo item se o primeiro não for a vitalidade da mente, do corpo e do espírito. Sua saúde e seu bem-estar terão um impacto muito maior sobre suas possibilidades de sucesso do que suas finanças, sua idade, sua raça, seu sexo, seu intelecto ou sua sorte. Não ignore a importância dos exercícios físicos, da alimentação saudável, da prevenção de doenças, do controle de estresse, da meditação, do descanso e de uma valorização do seu lugar no mundo. Apenas quando reconhecemos a simetria dessas verdades podemos realizar nosso maior potencial.

E transformar o sonho em realidade.

Mas você precisa estar preparado para a jornada.

PREPARE-SE

Lamentável, entretanto, é o fato de que, quase sempre, infelizmente, a maioria ignora a absoluta importância de sua saúde física, pois centra a aventura de seus negócios na saúde fiscal.

Acredite, por favor, que seu bem-estar é seu maior ativo. Cuidar de si mesmo é a necessidade mais essencial para lidar com as demandas e os rigores de vender seu sonho. Apesar de a criação de um negócio poder ser excitante, satisfatória e mágica, saiba que a sombra escura da solidão, freqüentemente bloqueará a luz do seu dia. Mas saiba também que, mesmo quando se sente terrivelmente desconectado, você nunca está inteiramente sozinho. Ansiedade, estresse, frustração, fadiga e pressão serão suas companhias constantes. Demônios surgirão, fazendo com que duvide de si mesmo, sem saber se deve abandonar tudo ou encontrar uma maneira de se adaptar. Adivinhe a resposta. Você precisa lidar com isso enquanto sua empresa estiver crescendo. Isso nunca vai mudar.

Uma das coisas que precisa manter em seu pensamento é que cuidar de si mesmo é a base, a estrutura e a forma que lhe dão a coragem e a resistência para lidar com suas dúvidas e conquistar o sucesso. Qualquer coisa que faça para preservar e fortalecer sua saúde aumentará suas chances de sobreviver à inevitável doença do cotidiano. Mesmo com a grande quantidade de livros e revistas sobre saúde e exercícios, precisamos dar a você esse conselho amigável e simples:

Mexa-se.

Nada reduz mais o estresse do que fazer exercícios. Em sua agenda semanal de trabalho, dê um jeito de encaixar uma atividade regular, um exercício agradável de 30 minutos, pelo menos três vezes por semana. Dê preferência a algo que o retire do isolamento e o coloque em contato com outras pessoas. Enquanto o intercâmbio freqüente e o contato com os outros podem fazer maravilhas pela sua disposição, os exercícios reduzem os hormônios que seu corpo libera em resposta ao estresse e aumenta e melhora sua circulação, respiração, metabolismo e vitalidade. Fortalecerá sua imunidade, ajudará a fortalecer seus músculos, a manter um peso saudável e a melhorar a oxigenação do seu cérebro. Devemos enfatizar que exercícios são bons não só para o corpo, mas também para a mente. Exercícios regulares estimulam a produção de endorfinas tranqüilizantes no cérebro, responsáveis por melhorar o humor. Os exercícios não precisam ser limitados a artes marciais e levantamento de peso. O primeiro passo para preparar o corpo para lidar com o estresse diário pode ser apenas dar um passo. Depois, mais um. Quando sua vontade estiver fraca, mesmo uma caminhada leve pode recarregar suas baterias emocionais e espirituais. Adote a doutrina de que um exercício qualquer é melhor que nenhum. E você deve ficar muito feliz por saber que é uma ótima arma para combater o estresse.

Há uma coisa que precisa saber: o frenético desvario de vender seu sonho, a onda de mudanças e ajustes e todos os papéis e responsabilidades com os quais precisa lidar trazem uma sucessão de exigências, pressões e estresse que podem roubar sua energia, sua ambição, sua saúde e sua alegria. Mas só se você permitir. Novamente, o *Bushido* nos oferece uma grande orientação: não faça uma escolha entre mente e corpo, mas escolha ambos.

Para despertar e fortalecer seu espírito com uma energia intencional para criar, fazer e ser, tire uma folga para respirar. Literalmente. Faça uma promessa solene diária de separar alguns minutos do seu dia para respirar, como se fosse uma meditação para reduzir o estresse. Quando feito da maneira correta, o simples ato de respirar conscientemente aumenta os níveis de oxigenação no cérebro, diminuindo as tensões de estresse pelo corpo, recarregando e reenergizando o espírito. Na verdade, a palavra espírito vem do latim *spiritus*, que significa respiração. É por isso que as maiores tradições de meditação de todo o mundo se concentram na prática da respiração consciente.

É muito importante que você trate a ameaça do estresse como um assunto sério. Não deve ser tratado com naturalidade, e muito menos ignorado. Não sofra essa opressão. Enquanto um pouco de estresse é realmente bom, nos ajuda na motivação e na energia e nos pressiona de forma saudável para abastecer nossa criatividade e produtividade, o estresse em excesso pode colocar nossa saúde em risco. Diversas pesquisas indicam que o estresse não controlado contribui para doenças cardiovasculares, doenças digestivas, distúrbios nervosos e mentais, câncer, desequilíbrio metabólico, problemas de pele e muitas outras. O estresse não pode ser evitado e, ao tentar fazer isso, só vai piorá-lo. Você precisa lidar diretamente com o estresse para poder afastá-lo. Há crescentes evidências médicas de que técnicas práticas e simples de respiração profunda podem relaxar instantaneamente os músculos e restaurar uma tranqüilidade mental. Ao praticar uma técnica apropriada de respiração que desenvolva a respiração profunda, você estimulará seu sistema nervoso central, dilatará suas veias e fará com que os músculos tensos relaxem. A ansiedade desaparecerá. Esse método de respiração é aquele com o qual nascemos, mas que esquecemos conforme crescemos. Neste nosso mundo sempre apressado, a rapidez tem se tornado a metáfora dominante. Afastamos tudo o que nos toma tempo, não importando se é lógico ou necessário. O que inclui até mesmo o ato de respirar. Observe como os bebês respiram, e note como automaticamente enchem o abdome e depois o peito. O diafragma se contrai na inspiração e se expande na expiração, permitindo que a oxigenação capacite os pulmões e massageie os órgãos internos. Nas pesquisas de controle de estresse, especialistas referem-se ao método relaxante de respiração profunda como respiração de bebês.

Se quiser fazer uma pausa para tentar, será uma boa idéia. Comece por expirar totalmente pelo nariz. Coloque uma mão no peito e a outra no abdome. Respirando pelo nariz, encha o abdome com ar e, em seguida, faça o mesmo com o peito. Sentado de forma correta, continue inspirando até sentir a clavícula se erguer. Expire, revertendo o processo, sentindo a clavícula descer, seguida do peito e do abdome. Para expulsar qualquer resíduo de ar com seus músculos abdominais, a expiração deve levar duas vezes mais tempo que a inspiração. Se ficar tonto, volte à respiração normal. Se estiver bem, repita o processo quatro ou cinco vezes e perceba a redução do estresse. Há muitas técnicas de respiração profunda e exercícios de respiração abdominal que oferecem benefícios na redução de estresse, e encorajamos você a investigá-las e colocá-las em prática por alguns minutos diários, como uma maneira de descompressão, permitindo-lhe transformar a energia de vida que há no universo em uma energia própria. Os antigos diziam que quem conhece a maneira correta de respirar tem a força, a sabedoria e a coragem de dez dragões.

Saiba o caminho.

Saiba que uma alimentação saudável também é essencial para a sua capacidade de lidar com o estresse. Estudos demonstram que, sob pressão, o corpo acaba com as reservas de nutrientes essenciais que usaria para lidar com o estresse. O estresse também pode elevar os níveis de colesterol, entupindo artérias e aumentando o risco de doenças cardíacas. Se você se sente o tempo todo cansado, ansioso, deprimido ou estressado, precisa examinar sua dieta em busca de deficiências de alguns nutrientes e adquirir o hábito de tomar vitaminas e suplementos minerais. Por exemplo, as vitaminas B são importantes para manter um sistema nervoso relaxado, enquanto um nível suficiente de magnésio é importante para ajudar os músculos a relaxar. Comece uma boa dieta nutricional rica em carboidratos complexos. Isso suprirá o seu cérebro com, entre outras coisas, uma reserva de serotonina, um hormônio que relaxa. Esteja convencido, também, que uma dieta rica em frutas e vegetais é a melhor maneira de obter antioxidantes, que previnem doenças e reduzem o estresse, além de bloquear os danos celulares causados por componentes nocivos do corpo, chamados radicais livres. Estes podem ser liberados pelo estresse e enfraquecem o sistema imunológico, deixando a pessoa suscetível a doenças e infecções. Acredita-se também que os radicais livres aceleram o processo de envelhecimento ao acelerar a morte celular. A consciência transforma. Comece uma espécie de diário alimentar, no qual, todos os dias, anota tudo que ingerir. Corrija-se. Por saber que terá batalhas suficientes à sua espera, recomendamos que busque saber quais são os melhores tipos de alimento para combater o estresse e ajudá-lo a proteger seu maior ativo: você. Esse é o primeiro passo, e o mais simples, para conhecer o tipo de combustível de que precisará para caminhar com saúde pelo caminho do seu sonho.

E por ser importante a mente de um *zen-empreendedor* flutuar livre de gravidade mental, aqui está uma curta lista de jóias para serem polidas e que podem ser de muita ajuda para afastar o fantasma do estresse:

- prepare seu dia na noite anterior;
- estabeleça prioridades;
- use seu tempo sabiamente;
- não confie na sua memória: tome notas em cadernos, *post-its* ou similares;
- faça cópias de seus papéis importantes e faça *back-up* de seu trabalho;
- reveja suas metas, mantenha-as realistas e continue a desenvolver a vontade e a sabedoria necessárias para atingi-las;
- divida o trabalho em pequenas tarefas para não se sentir sobrecarregado;
- evite adiar coisas para o último minuto;
- organize, priorize e identifique hábitos e modelos de trabalho. Direcione sua energia e seu tempo para tarefas que ofereçam o maior retorno;
- aceite os altos e baixos da sua empresa como algo natural e use-os como lições para seu crescimento e sua transcendência pessoal;
- busque a excelência, e não a perfeição;

- seja determinado. Encare seus dias de maneira positiva e encorajadora. Veja-se como um veículo merecedor de conquistas;
- saiba que a atenção é guiada pela intenção e mantida pela vontade;
- reconheça que seu poder de controlar seus pensamentos é o poder de recriar suas circunstâncias;
- forneça valor e serviços reais para os outros;
- aprenda que o presente é a ponte para o futuro;
- lembre-se diariamente que o marketing do seu sonho não é um problema a ser resolvido, e sim uma realidade a ser vivida;
- concentre seu comportamento em atividades que nutram, fortaleçam e harmonizem o seu bem-estar.

Porque, mais uma vez, a saúde é importante.

Assim como a alegria. Assim como a serenidade e a felicidade. A grande tragédia é que um número crescente de pessoas acredita que a harmonia e a alegria existem em algum lugar distante das fronteiras de seus mundos. Não é bem assim. Felicidade e satisfação estão disponíveis se estivermos abertos a elas. Enquanto todos vivemos distraídos em um mundo cheio de distúrbios, não há nada que não possamos nos livrar, não há fardo que não possa ser erguido, não há problema que não possa ser resolvido se reservarmos um tempo para viver a vida que está à nossa frente. Desperte. Diminua o ritmo. Seja grato. Depois, note a maravilha, a perfeição, a serenidade natural e estética verdadeira de cada momento e cada coisa que a vida nos oferece.

Enquanto um empreendedor cria um negócio, um zen-empreendedor cria um negócio e uma vida.

Essa é a maior regra dos *zen-empreendedores*. A regra de ouro.

Aceite a maravilha da vida diária. Devemos simplesmente admirar o incrível processo. Quanto tempo faz que você acordou para testemunhar o esplendor do nascer do sol ou reservou um tempo para olhar para cima e observar a maneira como o brilho das cores se rende ao pôr-do-sol ou inclinou um pouco a cabeça

PREPARE-SE

para se maravilhar com a lua? Quando foi a última vez que parou para observar uma flor, aproveitando o momento para vivenciar sua beleza e seu perfume? Alguma vez já saiu para uma caminhada na floresta para observar como o brilho dourado das chamas do outono surge nas folhas?

A imensidão dessas coisas está disponível se estiver disponível para elas. Não ignore a importância dos pequenos prazeres da vida. Infelizmente, estaremos aqui por um período curto de tempo. Nenhum de nós tem direito a uma residência permanente. E embora existam limites no tempo de viver nossas vidas, não há limites para a maneira como vivemos esse tempo.

Mude a velocidade de sua vida. Aproveite o momento. Porque o hoje é, acima de tudo, uma dádiva. Por isso é chamado de presente.

Uma sábia afirmação. Ninguém sabe que é o autor, mas alguém disse isso certa vez, depois de muito pensar; talvez tenhamos sido nós.

Não importa.

O que importa é que faça a escolha heróica de viver uma vida de paixão, onde você faça aquilo que deseja. Coloque a sua centelha criativa, seu talento e sua iluminação em movimento, estimulando o crescimento que enriquecerá não apenas a sua vida, mas também a de outros. O *zen-empreendedor* cultiva e cuida mais do de seu interior que do exterior. Reserve um tempo para ter tempo de fazer o que pode melhorar a sua imaginação, seus pensamentos, suas crenças, sua fé, sua esperança, seu corpo, sua mente e seu espírito, porque isso é o que tem de melhor. Tenha mais do que uma consciência esférica do seu mundo, entendendo a doce alegria de que o futuro está sempre em movimento, e que você tem o poder do propósito inspirado — a força para criar, manifestar e realizar tudo o que pretende conquistar neste mundo. Nunca se esqueça de que você é parte da vibrante energia que existe em todos os lugares e através de tudo. Você é um ser vibrante, luminoso, cujo esplendor e energia podem criar a realidade que deseja conquistar.

ESPÍRITO DE DRAGÃO

Acredite totalmente na mágica divina de seus talentos e dons; acredite que há um lugar neste mundo para o que deseja conquistar. Suas idéias e sonhos são uma linha necessária na fabricação do tecido que é o material do universo. Esteja completamente consciente das muitas energias que existem. Há poderes sempre presentes em você que são maiores do que imagina ou vê. Aceite a energia de coragem e disciplina que circunda e penetra sua existência, confie em seu misterioso poder de harmonizar, lutando para se lembrar que o caminho para o sucesso revela-se para aqueles que têm a profunda sabedoria de vê-lo.

Então, enquanto começamos a fechar nossa loja, nossas esperanças e orações finais são para que você se prepare para os dias gloriosos que virão. E para que se dedique a criar uma incrível experiência da mesma maneira que outros criaram para você. Para que você, o tempo todo, preencha sua mente com a tenacidade dos pensamentos positivos e das crenças ousadas. Para que compreenda que nada externo, nenhuma adversidade, dificuldade ou dúvida pode ter qualquer poder sobre você, a menos que permita. Para que saiba que é merecedor e que tem o poder de viver com paixão e intenção. Para que valorize o processo e dê o melhor de si. Para que sustente a sua visão e comprometa-se com a realização dela. Para que tenha confiança na sua imaginação e siga os seus instintos. Para que tenha coragem de ousar e viver com a compreensão das possibilidades. Que você se conecte com seu eu superior e com seu mestre interior. Para que tenha certeza, agora e sempre, que um dragão pode voar quando você decidir que pode. Finalmente e mais importante, para que você entenda, de maneira simples e enfática, que precisa...

Cuidar de si mesmo para poder cuidar dos outros...

A JORNADA

旅程

Lücheng

Um dragão que voa sabe que não há caminhos intransitáveis.

12 | E ALGUNS SEGUEM O ARCO-ÍRIS

Tudo diz respeito à jornada. E apesar de Confúcio ter dito que "uma jornada de mil milhas começa sempre com o primeiro passo", esperamos, fervorosamente, que nas páginas deste livro você tenha descoberto que a decisão de dar o passo é a mais importante, já que o caminho consciente que controla o seu destino não pode ser ensinado — deve ser encontrado. Escolher mover-se com coração e mente plenos faz com que os outros se movam; na verdade, faz com que as galáxias se movam. Ao permitir que seu dragão interior respire o fogo da consciência e da transformação, você não vai crescer, mas sim transcender, tornando-se capaz de ver um abundante potencial e de reconhecer as idéias viáveis, os produtos superiores e os serviços extraordinários pelos quais o mundo está sempre esperando. Precisa apenas concentrar seus instintos e seguir seus sentimentos para assumir o comando, criar e fazer. Renda-se à consciência. O marketing do seu sonho é assim. Este é o grande segredo. Acreditar no que é especial e singular, acreditar totalmente em si mesmo e na sua habilidade para fazer a sua parte. Passamos por essa etapa uma ou duas vezes e, depois de tantos anos criando e vendendo tantos produtos, estamos mais convencidos de que nunca você deve ser seu primeiro cliente. Essa é a verdadeira grandiosidade de qualquer idéia. É o início de tudo. Venda-se primeiro, e todos o seguirão.

Hoje recebemos uma maravilhosa carta de uma recém-formada pela *Wharton School of Business*, na Pensilvânia. Há algum tempo, Ron e eu fomos convidados para falar às 150 mentes brilhantes do

MBA sobre nossos pensamentos e filosofias para os negócios e para a vida. Foi uma experiência incrivelmente significativa, uma honra da qual nunca nos esqueceremos. Mas esse bilhete que veio depois da palestra é um tesouro. É o tipo de nota atenciosa que, depois de ler, pode dormir e roncar alegremente, sabendo que, graças a Deus, o mundo logo estará em melhores mãos. Essa mulher, obviamente muito inteligente e intensa, queria nos dizer que, enquanto outros palestrantes não fizeram diferença, para ela, a nossa visita foi tremendamente valiosa e a havia iluminado para todas as coisas possíveis: nossas palavras haviam destruído algumas de suas percepções, alterado algumas de suas crenças e resolvido um anseio indefinido que se insinuava dentro dela — o entusiasmo quase incontrolável de um *zen-empreendedor*. Agora, ansiosa com paixão, corajosa com ação, afirmava que se comprometia a sempre seguir o arco-íris, perguntando, no final, se poderíamos dar mais uma pequena orientação para que ela começasse seu futuro. Escrevemos rapidamente de volta, dizendo que sim. É uma mensagem para todos, que também gostaríamos de dividir com vocês, queridos leitores, antes da nossa partida:

"Enquanto alguns seguem o arco-íris, outros o criam".

Além disso, estaremos esperando por você. Sempre.

Olhos para o céu...

EPÍLOGO

UMA TAREFA SIMPLES

Obrigado por ter encontrado um tempo para ler nosso livro. Por favor, compartilhe a inspiração e os conselhos dele com outras pessoas, tendo consciência de que, a cada dia de sua vida, um livro tem o poder de fazer uma diferença incalculável. Livros podem expandir sua mente e abrir seus olhos para conceitos profundos e novos inícios que podem transformar as circunstâncias de sua vida. Há muito conhecimento para descobrir, muita sabedoria para adquirir, e você só precisa ler para ter uma visão que melhore a sua vida. A pessoa que não lê livros não é diferente daquela que não pode lê-los, então, por favor, assuma a responsabilidade de visitar uma biblioteca ou uma livraria na sua vizinhança e se comprometa com a simples tarefa de ler um novo livro a cada semana. É uma ação tão importante quanto qualquer outra, pois lhe proporciona autodesenvolvimento e faz com que você esteja em contato com a fonte mais valiosa do sucesso: a experiência de outras pessoas.

Há um antigo provérbio chinês que diz: "Para conhecer o caminho à sua frente, pergunte aos que estão voltando". Enquanto segue sua jornada estimulante, esperamos que, quando encontrar outras pessoas na estrada, seja você que dê as respostas.

— *Ron Rubin*

ESPÍRITO DE DRAGÃO

Para iniciantes:

Você pode mudar sua vida, de Cheryl Richardson

The Republic of Tea: The Story of the Creation of a Business, as Told through the Personal Letters of Its Founders, de Mel Ziegler, Patricia Ziegler e Bill Rosenzweig

Success at Life: How to Catch and Live Your Dream, de Ron Rubin e Stuart Avery Gold

The Brand you 50: Or Fifty Ways to Transform Yourself from an "Employee" into a Brand that Shouts Distinction, Commitment, and Passion!, de Tom Peters

Survival Is Not Enough: Zooming, Evolution, and the Future of Your Company, de Seth Godin

The Little Engine That Could, de Watty Piper

A arte da inovação, de Tom Kelley e Jonathan Littman

Nuts! As soluções criativas da Southwest Airlines para o sucesso pessoal e nos negócios, de Kevin & Jackie Freiberg

Zen Lessons: The Art of Leadership, de Thomas Cleary

Zen e a arte da manutenção de bicicletas, de Robert M. Pirsig

Tao Te Ching: A New English Version, de Stephen Mitchell

Small Time Operator: How to Start Your Own Business, Keep Your Books, Pay Your Taxes, and Stay Out of Trouble, de Bernard B. Kamoroff

EPÍLOGO

Sun Tzu e a arte dos negócios, de Mark R. McNeilly

Winning the Marketing War: A Field Manual for Business Leaders, de Gerald A. Michaelson

Cinco princípios infalíveis de sucesso para executivos, de Donald G. Krause

A queda da propaganda: da mídia paga à mídia espontânea, de Al Ries & Laura Ries

Guerrilla Marketing: Secrets for Making Big Profits from Your Small Business, de Jay Conrad Levinson

Afinal, o que os clientes querem?, de Gerald Zaltman

Como construir marcas líderes, de David A. Aaker e Eric Joachimsthaler

Start Your Own Business: The Only Start-Up Book You´ll Ever Need, de Rieva Lesonsky e a equipe da revista *Entrepreneur*

O caminho da tranqüilidade, de Dalai Lama

Atitude é tudo: 10 passos para o sucesso, de Keith Harrell

Os 100 segredos das pessoas felizes, de David Niven

Do What You Are: Discover the Perfect Career for You Through the Secrets of Personality Type — Revised and Updated Edition Featuring E-Careers for the 21st Century, de Paul D. Tieger e Barbara Barron-Tieger

A Good Hard Kick in the Ass Basic Training for Entrepreneurs, de Rob Adams

Real Power: Business Lessons from the Tao Te Ching, de James R. Autry e Stephen Mitchell

O Tao do Pooh, de Benjamin Hoff

Abra sua mente, abra sua vida, de Taro Gold

A emoção das marcas, de Marc Gobé

The E-Myth Revisited: Why Most Small Businesses Don´t Work and What to Do About It, de Michael E. Gerber

What No One Ever Tells You About Starting Your Own Business: Real Life Start-Up Advice from 101 Successful Entrepreneurs, de Jan Norman

Buzz — a era do marketing viral: como aumentar o poder da influência e criar demanda, de Marian Salzman, Ira Matathia e Ann O'Reilly

Feng Shui Principles for Building and Remodeling: Creating a Space That Meets Your Needs and Promotes Well-Being, de Nancilee Wydra e Lenore Weiss Baigelman

As sete leis espirituais do sucesso: guia prático para a realização de seus sonhos, de Deepak Chopra

O monge que vendeu sua Ferrari, de Robin S. Sharma

EPÍLOGO

Major in Success: Make College Easier, Fire Up Your Dreams, and Get a Very Cool Job, de Patrick Combs

The System: A Story of Intrigue and Market Domination, de Terry Waghorn

Tomorrow Now: Envisioning the Next Fifty Years, de Bruce Sterling

O fim do marketing como nós conhecemos, de Sergio Zyman e Armin Brott

O líder, de Rudolph W. Giuliani

Brands, Brands & Billions: My Top Ten Rules for Making any Business Plan Go Platinum, de Lou Pearlman e Wes Smith

60 tendências em 60 minutos, de Sam Hill

Intelligent Selling: The Art & Science of Selling Online, de Ken Burke

The Generosity Factor: Discover the Joy of Giving Your Time, Talent, and Treasure, de Kenneth H. Blanchard e S. Truett Cathy

Life as a Daymaker: How to Change the World by Simply Making Someone's Day, de David Wagner

The Mousedriver Chronicles: The True-Life Adventures of Two First-Time Entrepreneurs, de John Lusk & Kyle Harrison

Eat Mor Chikin: Inspire More People, de S. Truett Cathy

A nova cultura do desejo, de Melinda Davis

Bowling Alone: The Collapse and Revival of American Community, de Robert D. Putnam

The Equation: A 5-Step Program for Lifelong Fitness, de Dan Isaacson, Gregory Payne e Mark Laska

Big Brands Big Trouble: Lessons Learned the Hard Way, de Jack Trout

Unique Now... or Never: The Brand is the Company Driver in the New Value Economy, de Jesper Kunde

Being the Shopper: Understanding the Buyer's Choice, de Phil Lempert

AGRADECIMENTOS

Aos *zen-empreendedores* do mundo todo, pelas cartas e pedidos para que continuássemos nossa jornada.

A Pam, Julie e Todd, e a Andy, Aaryn e Shaun, as melhores decisões que já tomamos.

A Julian B. Venezky, por cujos caminhos sábios procuramos todos os dias.

A nossa criativa e talentosa Ministra do Design, Gina Amador.

A nossa Ministra da Propaganda, Heather Innocenti, pelo cuidado impecável.

A nossa Ministra do Comércio, Barbara Graves, pela energia interminável.

À esperta criadora do nosso boca a boca e Ministra do Esclarecimento, Debra Amador.

A Allan Shiffrin e Kendra Bochner, do *Image Studio*.

Um agradecimento especial a Machiko, pela caligrafia.

A todos da *Newmarket Press*, que ajudaram a criar e entregar, especialmente a constância e o apoio de Keith Hollaman, Tom Perry, Shannon Berning, Paul Sugarman, Harry Burton, Heidi Sachner, Mary Anne Cartelli e Frank DeMaio, e a William Rusin e Dosier Hammond, da *W.W. Norton & Company*.

E a nossa mentora editorial, Esther Margolis — no final de tudo, descobrirão que ela foi uma das primeiras *zen-empreendedoras*.

| ESPÍRITO DE DRAGÃO

A todos os maravilhosos ministros e embaixadores da The Republic of Tea.

Alice Johnson	Cathy Sulack	Dori Hettinger
Amanda Dugger	Cece Cotton	Dorothy Cohen
Amy Laxa Caparas	Cherie & Ed Kimbro	Edward Blum
Amy Randazzo	Cheryl Hofer	Elizabeth Keyser
Ann Petersen	Christie Weddington	Erika Mercier
Ann Winings-Lavelle	Christyne Baxter	Erol Berkay
Arnie & Judi Gitter	Chuck Cohen	Fances Schultz
Barb Peterson	Cindy Skemp	Frank Nitikman
Barbara Plummer	Colette Richards	Gabriella Cross
Barbara Shomaker	Colleen Kelly	Gail Germann
Ben Johnson	Connie Boone	Garry Derrick
Betsy Alexander	Connie Kalman	Gary & Patti Shaffer
Betty Neaville	Craig Borgowski	Gary Katz
Bev Williams	Curtis Crabtree	Gary Mascioletti
Bill & Anne Matz	Curtis Lafaitte	Geary Ferguson
Bob Sandow	Darleen Schmidt	George O'Neil
Bob Wemer	Darlene Sterns	George Phillips
Brandie Koller	David Beckman	Gina Bonnelly
Brenda Streator	David Turner	Glenn Guzman
Brian Writer	David Welch	Grant Bagan
Bruce Trent	Dawn Richards	Grant McCormack
Byron Comer	Deborah Dunavan	Gwen Reinarz
Candace Dagnan	Dee Dee Peper	Harold Ward
Carol Jablonow	Diane Rice	Heidi Cotler
Carol Manella	Dieter Kretchy	Irv Wynuck
Caroline MacDougall	Dirk Wollenhaupt	Jack Schreiber
Cary Combine	Dollie McKinney	Jackie Robert
Caryle Pastore	Donna Dirscherl	Janet DeMeo
Catherine Blackwell	Donna Newbury	Jeff Tillery

AGRADECIMENTOS

Jerry Roucher
Jim DeHart
Jim Gollhofer
Jim Lietz
Jim Weiderhold
Joe A. McGlaughlin
Joe Jakubowicz
Joe Peerlees
Joe Raible
Joelle Guglielmelli
John Casey
John Grob
Judy Roberts-Wabey
Jule Jablonow
Juli Lawrence
June Inman
Karen Uslan
Karen Van Meter
Kari Grabowski
Katherine Carter
Kathleen Finnerty
Kathlene Urbiha
Kathy Azzyer
Kathy Kelly
Kathy Lintz
Kathy Tschoerner
Kelly Holcomb
Kelly Thomas
Keys Allan
Kimberly Mahaffey
Kirsten Omholt
Krissy Hoffman
Kristin Obert
Kristina Richens

Lari DeLapp
Lama Cummings
Lama Lindberg
Lee Katz
Lee Laycob
Leslee Levey
Libby Griffin
Linda Atherton
Linda Champagne
Linda Frantz
Linda Marty
Lisa Onyx
Loree Hanson
Lori Hefner
Lori Polczynski
Lynne Savino
Marcia Shiller
Marco Brinmuhl
Margaret Writer
Maria Green
Marianne Pavon
Marie Reno
Marjorie Brewster
Mark Beilski
Mark Paradiso
Mark Staudacher
Martha Naber
Mary Ann Bathon
Mary Dewein
Mary Mueller
Maureen McAllister
May Lime
Meg Rush
Melanie Coultas

Michael Alter
Michael Dolphus
Michael Jahn
Michele Berg
Michelle Albers
Michelle Foster
Michelle Williams
Mike Patterson
Mike Volmer
Mike Williams
Mimi Carroll-Weiderhold
Monica Swinford
Nancy Brikett
Nancy Roucher
Nancy Waterhouse
Nancy Wolf
Nancy Zangara
Naomi Adams
Neal Snydman
Nicole Muller
Norma Eisenhauer
Pam Blumenthal
Pam Gilman-Turner
Pamela Buss
Patti Bowdler
Patty Slocomb
Paul Grabke
Paul Holsombeck
Paula Saatkamp
Ralph Gall
Richard Beach
Robbin McCool
Robert Reiking
Robin Garlich

Rod Harris	Stacey Jablonski	Tina Cowan
Ron Filler	Stacy Ellis	Tom Kirchner
Rose Pierro	Stacy Pytlinski	Tom Newmark
Roy Fong	Stan Ferguson	Tracy Maxedon
Ruth Graves	Steve Lohmann	Tripp Frohlichstein
Salina Carpenter	Sue Broeg	Valerie Lamczyk
Sally Edgerton	Sue Crabtree	Vicki Kappus
Sandra Gaylord	Sunny Glassberg	Vickie Ellerbusch
Sara Bauza	Susan Adams	Vivian Ross
Scott Lohmann	Susan Titus	Wanita Statler
Shawn Polhamus	Teri Horn	Yanina Roca
Sissy Hosselton	Terri Ritchason	
Skip Simmons	Thomas Dunham	

SOBRE OS AUTORES

Ron Rubin adquiriu e passou a administrar a The Republic of Tea em 1994, uma empresa de dois anos fundada pelas mesmas pessoas que criaram a Banana Republic. Pouco tempo depois, o veterano de marketing **Stuart Avery Gold** juntou-se a Rubin na missão de criar uma revolução do chá. Para manter uma excêntrica identidade, como se fosse uma nação independente, a The Republic of Tea chama seus funcionários de ministros, seus clientes de cidadãos, e seus distribuidores de embaixadores. Ron Rubin, "Ministro do Chá", é presidente do conselho. Stuart Avery Gold, "Ministro da Viagem", é COO e a voz editorial da empresa. Ron Rubin vive em Clayton, Missouri e Stuart Avery Gold em Boca Raton, Flórida.

A sede da The Republic of Tea fica em Novato, Califórnia. A empresa vende os melhores chás e ervas do mundo para lojas especializadas em alimentos, lojas de departamento, cafés e restaurantes selecionados, e através do premiado catálogo de pedidos e do site: www.republicoftea.com.

Em 2001, os autores publicaram seu primeiro livro, *Success at Life: How to Catch and Live Your Dream*, na aclamada série *Guia do zen-empreendedor*, que agora inclui este livro, além de *Wowisms: Words of Wisdom for Dreamers and Doers* e *Tiger Heart, Tiger Mind: How to Empower Your Dream*.

Leia também outros lançamentos da editora Novo Conceito

Meu terapeuta está me deixando maluco!

Este livro oferece um meio aberto e conciso de ajudar você a encontrar uma solução à sua maneira. Seja capaz de encontrar seu caminho, contornando as dificuldades que bloquearam seu sucesso e sua realização pessoal e profissional.

O amor não é um jogo

Por que é tão difícil encontrar um bom relacionamento amoroso (e um bom sexo)? Com base em princípios psicológicos testados, utilize os "Dados do Amor" para encontrar sua cara-metade.

Novo Conceito
editora

sac@editoranovoconceito.com.br
Centro de distribuição - (11) 3512-5500
Centro administrativo - (16) 3512-5500

cole aqui

Sim, quero fazer parte do banco de dados seletivo da editora Novo Conceito para receber informações sobre lançamentos na(s) área(s) de meu interesse.

Nome: _____
CPF: _____
Sexo: O Masc. O Fem.   Data de aniversário: _____

Endereço: _____
Cidade: _____
CEP: _____
Telefone: _____
Fax: _____
E-mail: _____

dobre aqui

De que forma tomou conhecimento deste livro?

O Jornal   O Revista   O Internet   O Rádio
O TV   O Mala direta   O Indicação de professores
O Outros: _____

Indique sua(s) área(s) de interesse:

O Interesse geral
O Relacionamento
O Negócios
O Auto-ajuda
O Saúde
O Outras áreas _____

corte aqui

Comentários

_____
_____
_____
_____

Título: Espírito de Dragão
Autoria: Ron Rubin & Stuart Avery Gold

Carta Resposta
1.74.05.0297-0 - *DR/SPI*
AC/ Presidente Kennedy
Tecmedd Imp. Dist.
Livros Ltda
CORREIOS

CARTA - RESPOSTA
não é necessário selar

O selo será pago por

Tecmedd
editora

AC Presidente Kennedy
14.095-971 - Ribeirão Preto - SP

REMETENTE:
ENDEREÇO:

IMPRESSÃO E ACABAMENTO:
YANGRAF Fone/Fax: 6195.77.22
e-mail:yangraf.comercial@terra.com.br